新装版

とことんネイティブと話し合い、
実用性を極限まで追求!

ネイティブ厳選
必ず使える
英会話

まる覚え

スーパーダイアローグ300

宮野 智靖
Miyano Tomoyasu

ジョセフ・ルリアス
Joseph Ruelius

Jリサーチ出版

はじめに

　日本人の私と共著者のアメリカ人が本書をなぜ執筆したのか、その最大の動機は「私には英会話は無理…」と思っている人たちが絶対にできるようになる本を作ることでした。

「日本人は英語音痴、いくら頑張っても英会話力は伸びない」なんてコメントをする英語教育者が多くいるようですが、私自身はそんなデタラメな神話はまったく信じていません。

　そして、この度、私たちは基本的な英会話力が確実に身につく画期的な本を完成させることができたと自負しています。英会話の初級者だけでなく、中級者、さらには上級者の人まで満足していただける本に仕上がりました。

　本書は、まずすべての英文をアメリカ人のルリアスが作成しました。つまり、実際にアメリカ人が日常的に用いている生の英語だけを収録しています。

　本書中の300のダイアローグは日常生活で最も頻繁に使うであろう状況を想定し、会話例を「AさんとBさんの短い会話」に仕上げました。と言うのも、長めの会話文をいくら学んだとしても実際の会話の中ではそのような展開はまず起こらないからです。

　この300のダイアローグを習得すれば、英語圏の国々に旅行する、滞在する、あるいは日本で英語のネイティブスピーカーと会話をする際にも万全の効果を発揮できるようになります。

ダイアローグの英文・内容のみならず、もちろん、解説部分（きちんと伝わるPOINT！）もコラム（知ってトクする！　ネイティブ・マメ知識）も、本書すべてにわたって、私たち二人は何度も熱いディスカッションを重ね、長時間を費やして完成させたものです。

　ですから、通常の英会話書とはひと味違った、つまりネイティブ英語の匂いがプンプンするような「生きた」英会話書であることを、読者の皆さんに実感していただけるものと確信しています。

　学習を進めていく上で、単にダイアローグを丸暗記するのではなく、しっかりと英文の意味、文法、そして文化面をも理解して覚えてもらえるよう、解説をできるだけわかりやすく工夫しました。

　音声ダウンロードを使いながら、英文を何度も何度も繰り返し、徹底的に音読してください。とても覚えやすい短い会話文ばかりですから、

　全英文を丸暗記できるまでトレーニングを積みましょう。

　赤シートも付いていますから、音声を聞かず、本だけを通勤・通学中に読む場合なら、まずは赤色の部分が簡単にスラスラ言えるようになるまで練習してみてください。

　これまでの英会話書とはひと味もふた味も違うネイティブ英語満載の本書で、基礎英会話を完全にマスターしてください。皆さんの英語学習の成功を心よりお祈りいたします。

宮野智靖

Scores of English conversation books have been published to date here in Japan. For whatever reason, a great many of them have been written by Japanese authors.

While some may be well written, many carry "unusual" English expressions and usage that native speakers of English most probably do not use. Perhaps this "unusual" English had been passed on from one group of author-educators to the next, influencing English education in Japan.

However, this book which you are now reading is very different. The English sentences in this book are ones you could hear native speakers using in everyday life in the United States. It is these authentic English sentences that I hope Japanese learners will make a sincere effort to learn, practice, remember and use. Repeat the dialogues using the enclosed audio book. Let them help you in your learning and practice. Use them to help improve pronunciation, rhythm and stress.

Practice, practice whenever you have the chance, then practice some more. Who knows, that wise old proverb about "perfection" just might be about you and your English language skills. Now it is time for me to stop and for you to get started.

Joseph Ruelius

【日本語訳】

　日本ではこれまで英会話の本が多数出版されています。理由はともかく、それらの多くは日本人著者によって書かれてきました。

　なかには良質な本もあるでしょうが、多くの本は英語のネイティブスピーカーならまず使わないような"おかしな"英語表現や用法を載せています。ひょっとしたら、この"おかしな"英語が執筆者兼教育者たちのあるグループから他のグループへと受け継がれ、日本の英語教育に悪影響を与えてきたのかもしれません。

　しかしながら、今あなたが読んでおられるこの本はまったく異なります。

　本書の英文は、アメリカの毎日の生活の中でネイティブスピーカーが実際に使っているものです。私が日本人の学習者に「真剣に学び、練習し、覚えて、使っていただきたい」のは、このような本物の英文なのです。付属の音声を用いて、ダイアローグをリピートしてください。音声と本を利用して学習と練習を行うのです。発音、リズム、音の強弱を上達させるのにも役立ちます。

　機会あるごとに、練習、練習、そしてまた練習です。"perfection（完璧さ）"について述べているあの古いことわざ（Practice makes perfect.「習うより慣れろ」）は、あなた自身とあなたの英語力のことを言っているのかもしれませんよ。この辺で私は失礼するとして、さあこれからは皆さんが学習をスタートする時です。

ジョセフ・ルリアス

本書の構成について

各シーンの内容を表すタイトルです。全部で30シーンあります。

Scene 5 トラブル

⑨ 転んで擦りむいてしまった

I tripped and scraped my knee. Do you have any Band-Aids?

転んで、ひざを擦りむいてしまいました。バンドエイドはありますか。

Yes, we do. How many do you need?

はい、ありますよ。いくつ必要ですか。

▶▶▶きちんと伝わるPOINT!
動詞の trip は「転ぶ、つまずく」の意味であり、「旅行をする」の意味で用いることは現代英語ではほとんどありません。scrape は「擦りむく」、knee は「ひざ」の意味です。

赤い文字の部分は、その英文の中でも核となる最も重要な表現ポイントです。付属の赤シートを利用して、きちんと身についているかどうかをチェックすることができます。

⑩ 配達された小包の中身が…

The package arrived this morning in poor condition. The product inside is broken.

今朝小包が劣悪な状態で届いたのですが。中の製品は壊れています。

Is that right? Sorry about that. Please return the damaged product to us.

さようでございますか。申し訳ありません。破損した商品を弊社にご返送ください。

▶▶▶きちんと伝わるPOINT!
in poor condition は「劣悪な状態で」の意味。Sorry about that. は「申し訳ございません」の意味の決まり文句でしたね。product の前の damaged は「破損した、損傷した」の意味の形容詞です。

▶▶▶きちんと伝わる**POINT!**
ダイアローグ中の重要表現などの解説です。フレーズの使い方の詳しい説明のみならず、関連表現・文法事項のチェックにも役立ちます。

46

各シーンの10のダイアローグが収録されている音声のトラックナンバーです。対応する1トラックの中にそのページの全ダイアローグが収録してあります。

超定番フレーズ ●

1 Somebody, help!

（誰か助けて！）

2 It's an emergency.

（緊急事態です／急病です）

3 Please call the police.

（警察を呼んでください）

4 My child is lost.

（子どもが迷子になりました）

5 Where's the lost and found?

（遺失物取扱所はどこですか）

超定番フレーズ
ダイアローグにプラスして、ネイティブがよく使うこの超定番フレーズをマスターすることで「相手に質問できる力」「相手からの質問パターンを覚えて返答する力」、すなわち双方向のコミュニケーション能力が高まり、会話の幅がグッと広がります。

47

● 本書の英文中の（　　　　）内の語（句）は省略可能を示します。また、[　]内の語（句）は直前の語（句）と言い換えが可能であることを表しています。

● 英文の中には日本人が間違いやすい発音やアクセントを含む語が含まれています。それら特定の語については発音記号を添えてあります。ぜひ正しい発音で英文を読むように心掛けてください。

本書の効果的な学習法

各シーンごとに、下記のSTEPでトレーニングをしてください

　これから、本書の学習効果を最大限に引き出すための具体的なトレーニングの手法をご紹介していきましょう。

STEP 1　まずは英文と解説をしっかりと読み込む！

　意味もわからぬまま、ただやみくもに音声を聞いたところで、いつまでたっても英語耳はできません！　なぜなら人間は、言語の意味を考えずに音だけを何度聞いたとしても脳はただのBGMとして、音声を聞き流してしまうからです。

　ですから、まずは英文と解説を読み込んで、英語を英語のまま理解できるようになるための準備をしましょう。英文を読んで（あるいは聞いて）瞬時にその内容がイメージできるようになるまで、英文→日本語→解説（きちんと伝わるPOINT！）を繰り返し読み込んでください。

STEP 2　英語を英語のまま理解するためのリスニング練習！

　STEP 1で英文の意味をきちんと理解しているので、音声のダイアローグがきちんと頭の中に入ってくる準備が整いました。

　このSTEPでは音声を聞いたら、瞬時にその意味がわかるようになるまで繰り返し音声を聞き込んでください。ポイントは、その意味を日本語で思い浮かべるのではなく、英語を英語のままで理解することです。

　慣れないうちは難しいかもしれませんが、意味をイメージしながら繰り返し精聴することで、英文がそのまま頭の中に入ってくるようになります。こうなればしめたもの、あなたの頭の中に英語回路ができ始めた証拠です。

STEP 3　ダイアローグを読みながら音声の音を真似してみる！

　英語の音を聞き取れるようになり、フレーズも覚えたとしても、発音が良くなければ、まだまだネイティブには通じません。ここでは音声のダイアローグを聞いた後に、テキストを見ながら聞こえてくる音を真似して発音の練習をしていきます。各ダイアローグの間には数秒間のポーズが入っていますが、時間が足りない場合はいったん音声を止めてから発音練習をしてみてください。

　この段階では、音声のネイティブスピーカーと同じような完璧な発音・スピードをそっくりそのまま真似することは難しいかもしれません。まずはゆっくりでもよいので、近い発音ができればそれでOKです。

STEP 4 ネイティブ・スピードで話すためのシャドーイング練習！

シャドーイングで耳と口を同時に鍛える練習をしましょう。シャドーイングとは、音声から少しだけ遅れて追いかけ、影のようにスピーキングをする練習方法です。

テキストを見ずに音だけを聞きながら行うトレーニング方法なので、英文の構造と意味がきちんと頭に入っていないと、スラスラとは言えません。ですが、これまでのSTEPでトレーニングをしっかりと積んでいるので、それほど無理なくできるはずです。

発音・スピードだけでなく、音声の真似をして感情も入れるようにすれば、より実践的な練習になります。

STEP 5 赤シートを効果的に使って、記憶の定着度をチェックする！

本書は英文の所々が赤色になっています。この部分は、「ネイティブのお決まりフレーズ」と、その英文の中でも核となる「重要な表現ポイント」です。添付の赤シートを利用して、その部分がスラスラと言えるかどうかをチェックしてみましょう。

このトレーニングを積むことでアウトプットの精度を高めることができます。もちろん最終的には英文そのものを「まる覚え」することが目標ですが、まずは赤色の部分を確実にマスターしてみましょう。そうすることで、ネイティブ独自の語感が身につきます。

STEP 6 口から瞬時に会話が飛び出すトレーニング！

ここでは日本語訳を見て、英文に直してみましょう。これまでの学習成果がこのSTEPで試されることになります。

このSTEPの秘訣は、単に声に出して言ってみるだけではなく、実際に手を動かして英文を書いてみることです。そうすれば、これまで学んできた表現が本当に身についているかどうかを確実にチェックできます。

さらに、英文を実際に書いてみることで、あいまいに覚えていた表現が浮き彫りにされます。つまり、これまでに暗記してきた英文の構造・文法がはっきりと見えるようになることで作文力も身につき、実際の会話での応用力が格段にアップします。

STEP+α 超定番フレーズでワンランク上の表現をマスターする！

　本書では、各ダイアローグ収録ページの一番下に1つずつ「超定番フレーズ」を入れています。これらの英語表現は、相手からよく質問されるもの（つまり、こちらが聞いてすぐにわからなければならない英語表現）、およびこちらがよく使用するもの（つまり、自分でどんどん使える英語表現）となっています。ですから、これらの英文を覚えておけば、日常会話で最高にかっこよく決まりますよ。

かの天才発明家トーマス・エジソン（Thomas Edison）も言いました。

Genius is one percent inspiration and ninety-nine percent perspiration.

（天才は1%のインスピレーションと99%の発汗である）と。「99%の汗」、つまり、これこそが「不断の努力」を表しており、語学学習にも通じる真実なる名言です。

　みなさんも「絶対に英会話くらいはマスターしてやる！」という確固たる決意を持って、本書での学習を始めてください。

音声ダウンロードのしかた

STEP 1 音声ダウンロード用サイトに
アクセス！

※https://audiobook.jp/exchange/jresearch を入力す
るか、右のQRコードを読み取ってサイトにアクセ
スしてください。

STEP 2 表示されたページから、
audiobook.jpへの会員登録ページへ！

※音声のダウンロードには、オーディオブック配信サービスaudiobook.jp
への会員登録（無料）が必要です。すでに、audiobook.jpの会員の方は
STEP3へお進みください。

STEP 3 登録後、再度STEP1のページにアクセスし、
シリアルコードの入力欄に「**24758**」を入力後、
「送信」をクリック！

※作品がライブラリに追加されたと案内が出ます。

STEP 4 必要な音声ファイルをダウンロード！

※スマートフォンの場合は、アプリ「audiobook.jp」の案内が出ますので、
アプリからご利用ください。

※PCの場合は、「ライブラリ」から音声ファイルをダウンロードしてご利
用ください。

〈ご注意！〉

●PCからでも、iPhoneやAndroidのスマートフォンやタブレットか
らでも音声を再生いただけます。

●音声は何度でもダウンロード・再生いただくことができます。

●ダウンロード・アプリについてのお問い合わせ先：info@febe.jp（受
付時間：平日10 〜 20時）

Contents

Contents

第3章 日常生活

Contents

第4章　ライフスタイル

Contents

第5章　ビジネス・学校生活

Contents

第1章

基本の
コミュニケーション

コミュニケーションの基本はあいさつです。
この章では、出会いと別れ、自己紹介など初
対面でよく使うフレーズを中心に紹介しま
す。トラブルではとっさの時を想定したフ
レーズを選びぬきました。音声をくり返し聞
いて、練習しましょう！

❶ おはよう！

Good morning, Tom. How are you doing?
おはよう、トム。気分はどう？

Fine, thanks. And you?
いいよ、ありがとう。君は？

▶▶▶きちんと伝わる**POINT!**
日本では中学生の時に、How are you? に対して、I'm fine, thank you. And you? と覚えるわけですが、実際の会話の中ではそのパターン通りにならないことのほうが多いことを覚えておいてください。

❷ やあ調子はどう？

Hi, Susan. How's it going?
やあ、スーザン。調子はどう？

Pretty good, thanks. And yourself?
とても元気よ、ありがとう。あなたのほうは？

▶▶▶きちんと伝わる**POINT!**
How's it going?（調子はどうですか）は、**How are you?** や **How are you doing?** や **How are you getting on?** と同じ意味を表します。あいさつの表現にもいろいろなバリエーションがあるわけです。

> 出会いのあいさつは、会話を始める最初のひと言。
> ネイティブにとっては、日本人が考えている以上に
> 大切な習慣なのです。

❸ 絶好調です！

Hi, there. How's life, Linda?
やあ。調子はどう、リンダ？

Couldn't be better. How about you?
最高に元気よ。あなたはどう？

▶▶▶きちんと伝わる**POINT!**

How's life? も「調子はどう？」の意味です。Couldn't be better. は「とても調子がいいよ、最高に元気だよ」の意味の決まり文句です。その反対は、**Couldn't be worse.（最悪だよ）**です。

❹ まあまあです

How's everything going, John?
うまくやってる、ジョン？

Not too bad.
まあまあだね。

▶▶▶きちんと伝わる**POINT!**

going を取って、**How's everything?** と言うこともあります。Not too bad. は「まあまあだね」（= Not half bad.）の意味。これとよく似た **Not bad.** はもっと肯定的で「結構いいよ」の意味です。

Download 03

⑤ 変わりないです

Hey, Jenny, what's up?
やあ、ジェニー。変わったことある？

Nothing much.
別に変わりないわよ。

▶▶▶きちんと伝わる**POINT!**

What's up? は「変わったことある？」の意味。**What's new?** や **What are you up to?** と同じです。「別に変わりないよ」は、**Not much.** や **Nothing special.** や **Nothing in particular.** でも OK です。

⑥ 仕事の調子は？

How's business?
仕事の調子はどう？

Can't complain.
まあまあだね。

▶▶▶きちんと伝わる**POINT!**

with you を付けて、**How's business with you?** と言うこともあります。Can't complain. は、I can't complain. の I を省略した決まり文句で「まあまあだね、悪くはないね、まあ順調だよ」の意味です。

❼ 再会のあいさつ

It's nice to see you again, Ryan.
ライアン、また会えてうれしいわ。

Likewise, Helen. How've you been?
僕のほうこそ、ヘレン。元気だった？

▶▶▶きちんと伝わるPOINT!

It's nice to see you again. は、知っている人と再会した時に用いる決まり文句。Likewise. は「私も同じです、こちらこそ」の意味。How've you been? は「最近はどうしてましたか」の意味です。

❽ 久しぶりだね

It's been ages, Steve. How are things with you?
久しぶりね、スティーヴ。元気？

I'm managing fine.
何とかやってるよ。

▶▶▶きちんと伝わるPOINT!

It's been ages.（久しぶりね）= It's been a long time. How are things with you?（元気？）= How are you doing? = How's it going? **I'm managing fine.（何とかやってるよ）** = I'm doing OK.

⑨ 最後に会ったのは？

Hey, Lisa. Long time no see.

やあ、リサ。久しぶりだね。

Hi, Paul. When was the last time I saw you?

あら、ポール。最後にあなたに会ったのはいつだった？

▶▶▶きちんと伝わる**POINT!**

Long time no see. はかなりくだけた表現で、「久しぶりだね」の意味です。
When was the last time I saw you? の代わりに、**When did I see you last?** と言うこともできます。

⑩ 奇遇ですね

Fancy meeting you here!

意外な所でお会いしましたね。

Yeah. What a small world!

ええ。世間はせまいですね。

▶▶▶きちんと伝わる**POINT!**

Fancy [Imagine] meeting you here! は「こんな所で会うとは意外ですね」
の意味の決まり文句で、**What a surprise to meet you here!** と同意で
す。What a small world! は「世間はせまいな」の意味です。

超定番フレーズ

1 **I haven't seen you for ages.**

(長い間会ってなかったわね)

2 **You haven't changed a bit.**

(昔と全然変わってませんね)

3 **Are you keeping busy?**

(忙しくしてる？／がんばってる？)

4 **How goes it?**

(元気？／調子はどう？)

5 **Same as usual [always].**

(相変わらずだよ／いつも通りだよ)

❶ そろそろ行かなくちゃ

I'm afraid I have to go now.
そろそろ行かなくちゃ。

Oh, so soon? That's too bad.
えっ、もう？ それは残念だなあ。

▶▶▶きちんと伝わるPOINT!
I have to go now. = **I must be going now.** Oh, so soon? は、Oh, are you leaving so soon? を簡単に表現したものです。That's too bad.（それは残念だ）= **That's a shame.** = **That's a bummer.**

❷ そろそろ失礼します

I'm sorry, but I need to get going.
残念だけど、そろそろ失礼しなくては。

All right. You take care.
そうだね。じゃあ、元気でね。

▶▶▶きちんと伝わるPOINT!
get going は「出発する、急ぐ」の意味。You take care.（元気でね）は You を取って、Take care. と言っても OK。さらに、**Take care of yourself.（体に気をつけて）**と言うこともできます。

別れのあいさつにも、決まり文句がいくつかあります。きちんと覚えて、相手に好印象を残して会話を締めくくりましょう。

③ じゃあね

Well, I should be going.
じゃあ、そろそろ失礼するよ。

Okay, Peter. Take it easy. And drive safely.
わかったわ、ピーター。じゃあね。安全運転でね。

▶▶▶きちんと伝わる**POINT!**
Take it easy. は別れ際の決まり文句で、「では気をつけて、さようなら」の意味。続く Drive safely. は「安全運転をしてください」の意味です。

④ 来週火曜にまた

I'll see you next Tuesday.
来週の火曜日にまた会いましょう。

OK. See you then.
ええ。じゃあ、その時に。

▶▶▶きちんと伝わる**POINT!**
I'll を取って、See you next Tuesday. と簡単に言ってもかまいません。また、I'll be seeing you next Tuesday. と言うことも可能です。

❺ それではよい夜を

Have a nice evening, Alan.
よい夜を、アラン。

Thanks, Betty. You too.
ありがとう、ベティー。君もね。

▶▶▶きちんと伝わる**POINT!**
Have a nice evening. は夕刻における帰り際のあいさつでもあるので、「お疲れさま」と訳すとぴったりくることもあります。

❻ よい週末を

Have a nice weekend, Julie.
よい週末を、ジュリー。

Thank you, Todd. Same to you.
ありがとう、タッド。あなたもね。

▶▶▶きちんと伝わる**POINT!**
Same to you.（あなたも）の前に the をつけて、The same to you. と言う人もいます。You too. と同じ意味です。

❼ よろしくお伝えください

Please give my best regards to **your family.**
ご家族によろしくお伝えください。

Yes, I'll be sure to.
ええ、必ずそうします。

▶▶▶きちんと伝わる**POINT!**
best または regards を省略して、Please give my best to ～や Please give my regards to ～と言っても OK です。**Please say hello [hi] to your family (for me).** も同じ意味を表します。

❽ お話しできてよかったです

It's been nice talking with you, **Mary.**
メアリー、あなたと話ができてよかったです。

Same here. Good-bye.
こちらこそ。さようなら。

▶▶▶きちんと伝わる**POINT!**
It's been を取って、簡単に Nice talking with you. と言っても OK です。Same here.（こちらこそ）の代わりに、Me too. や **The feeling is mutual.** と言うことも可能です。

⑨ 近いうちにまた

Let's get together sometime.
またいつか会おうよ。

Sure, anytime. I'll be in touch.
ええ、いつでも。また連絡するわね。

▶▶▶ きちんと伝わる**POINT!**
get together は「会う、集まる」の意味。I'll be in touch. は「またこちらから連絡します」の意味です。

⑩ 別れのあいさつ（ダジャレ）

See you later, alligator.
じゃあまたね、アリゲータさん。

After a while, crocodile.
また後でね、クロコダイルさん。

▶▶▶ きちんと伝わる**POINT!**
later と alligator、while と crocodile で韻を踏ませて、たがいを別のワニの名前で呼んでいるところが面白いですね。アメリカ人なら老若男女を問わず、誰でも知っているダジャレです。

超定番フレーズ

1 I'd better be on my way.

(そろそろおいとまいたします)

2 Can't you stay a little longer?

(もう少しいられないの?)

3 Keep in touch.

(また連絡してね)

4 Catch you later.

(じゃあね/また後でね)

5 So long.

(さようなら/じゃあね)

① はじめまして

Nice to meet you, Jerry.
はじめまして、ジェリー。

Nice to meet you too, Rose.
こちらこそよろしく、ローズ。

▶▶▶きちんと伝わる**POINT!**
Nice to meet you. の Nice の代わりに、**Glad** でも OK です。もっと改まった **Pleased** や **Delighted** を用いることもできます。いろんなバリエーションを使えるようにしておくといいですね。

② 自己紹介をする

May I introduce myself? I'm Julian Miller.
自己紹介させてください。私はジュリアン・ミラーです。

Pleased to meet you, Mr. Miller. I'm Alice Adams.
はじめまして、ミラーさん。私はアリス・アダムズです。

▶▶▶きちんと伝わる**POINT!**
May I introduce myself? をはじめ、**Let me introduce myself.** や **Allow me to introduce myself.** や **I'd like to introduce myself.** と言いながら、自分から積極的に自己紹介するようにしましょう。

ネイティブ定番の「紹介フレーズ」を
きちんとマスターしておけば、後に続く会話が
スムーズになること間違いなしです。

③ 妻を紹介する

Janet, I'd like you to meet my wife Maria.
ジャネット、妻のマリアを紹介するよ。

Hi, Maria. I'm Janet. How do you do?
こんにちは、マリア。私はジャネットです。はじめまして。

▶▶▶きちんと伝わる**POINT!**
How do you do?（はじめまして）は、フォーマルで丁寧なあいさつです。
時には、How do you do? と改まったあいさつもいいでしょう。もちろん、
もっと気楽に Hi. や Nice to meet you. でも OK です。

④ 友人を紹介する

Brian, have you met my friend Laura?
ブライアン、私の友だちのローラだけど会ったことある？

**No, I don't believe I have.
Hi, Laura. Glad to meet you.**
いや、まだだと思うけど。こんにちは、ローラ。お目にかかれてうれしいです。

▶▶▶きちんと伝わる**POINT!**
No, I don't believe I have. の代わりに、**No, I'm afraid not.** や **No, I
don't believe I've had the pleasure.** と言うこともできます。

⑤ うわさは聞いています

Nice to meet you. I've heard a lot about you.
はじめまして。おうわさはかねがね伺っております。

Only good things, I hope.
よいうわさだけだといいのですが。

▶▶▶きちんと伝わるPOINT!

a lot は so much でも OK。I've heard a lot about you. に対して、**But don't believe everything they say [you hear].**（でも、聞いたことすべてを鵜呑みにしないでくださいね）と返しても面白いですね。

⑥ 以前お会いしたことは？

Have we met before?
以前にお会いしたことはありましたか。

No, I don't think so.
いいえ、そうは思いませんが。

▶▶▶きちんと伝わるPOINT!

Have we met before? の代わりに、**Have I met you somewhere before?**や **Do I know you from somewhere?**（どこかでお会いしましたでしょうか）と言うこともできます。

❼ お名前をもう一度

I'm sorry but I didn't quite catch your name.
すみません、お名前がよく聞き取れませんでした。

My name is Ted Jurhs, J-U-R-H-S.
テッド・ジャーズです。（つづりは）**J-U-R-H-S**です。

▶▶▶ きちんと伝わる**POINT!**

quite は別になくてもかまいません。相手の名前が聞き取れなかった時には、**May I have your name again?** や **Could you tell me your name again?** と言うこともできます。

❽ どう呼べばよろしいですか？

Mr. Olson, what should I call you?
オルソンさん、あなたを何とお呼びすればよいですか。

Please call me Ben, for short.
略して、ベンと呼んでください。

▶▶▶ きちんと伝わる**POINT!**

for short は「略して」の意味。Ben は Benjamin の愛称です。「私をトモと呼んでください」であれば、**You can call me Tomo.** や **Just call me Tomo.** と言えばいいですね。

⑨ お仕事は何ですか？

What do you do for a living?
どんな仕事をされているのですか。

**I'm a computer programmer.
What about you?**
コンピュータのプログラミングをしています。あなたのほうは？

▶▶▶きちんと伝わる**POINT!**
What do you do (for a living)? は、相手の職業を聞く時の決まり文句。for a living は省略可能です。ただし、現在進行形にして What are you doing?（あなたは今何をしていますか）ではダメですよ。

⑩ お会いできてよかったです

Nice meeting you, Ms. Brown.
お会いできてうれしく思います、ブラウンさん。

**The pleasure was mine.
Hope to see you again.**
こちらこそ。またいつかお目にかかりたいです。

▶▶▶きちんと伝わる**POINT!**
Nice meeting you.（お会いできてよかったです）は初対面の人と別れる際に用いる決まり文句です。The pleasure was mine. は all を付けて、**The pleasure was all mine.** と言うこともあります。

超定番フレーズ

1 **May I have your name?**

（お名前を教えていただけますか）

2 **Where do you work?**

（どこにお勤めですか）

3 **Where do you live?**

（どこにお住まいですか）

4 **How do you spell your name?**

（お名前はどのようにつづるのですか）

5 **What [Which] part of the States are you from?**

（アメリカはどちらのご出身ですか）

天気

① いい天気

Beautiful day, isn't it?
素晴らしい日ですね。

Yes, it is.
ええ、そうですね。

▶▶▶きちんと伝わるPOINT!

Beautiful day の前には、It's a が省略されています。「いい天気」を表す
形容詞として、beautiful のほかに good や nice や lovely などを用いても
OK です。

② いやな天気

Lousy weather, isn't it?
いやな天気ですね。

Certainly is.
確かにそうですね。

▶▶▶きちんと伝わるPOINT!

Lousy weather の前には、It's が省略されています。weather は不可算名
詞。lousy weather = **nasty weather.** Lousy weather, isn't it? の代わり
に、**Lousy weather we're having.** と言っても OK です。

旅先で出会った人と何か言葉を交わしたい…。
そんな時にも共通のトピックとして役に立つのが、
この「天気」に関する表現です。

❸ 雨が降りそう

It looks like rain, don't you think?

雨が降りそうだね。

Right. Take an umbrella with you just in case.

そうね。念のため、傘を持って行きなさいよ。

▶▶▶きちんと伝わる**POINT!**

It looks like rain. = It's likely to rain.　Take an umbrella with you の
with you は省略してもかまいません。just in case は「念のため、万が一
の用心に」の意味です。

❹ 毎日、蒸し暑い…

It's been muggy, day in and day out.

毎日毎日蒸し暑いわね。

It drives you crazy, doesn't it?

マジ頭に来るよね。

▶▶▶きちんと伝わる**POINT!**

muggy [mʌgi]は「蒸し暑い」(= hot and humid)、day in and day outは「来
る日も来る日も」の意味。drive someone crazy は「(人)をひどくイライ
ラさせる、怒らせる」の意味です。

⑤ ぽかぽかと暖かい

It's nice and warm, isn't it?
ぽかぽか暖かくて気持ちがいいですね。

I hope it'll stay like this.
こんな天気が続くといいですね。

▶▶▶きちんと伝わる**POINT!**
nice and warm は「ぽかぽかする、心地よく暖かい」の意味。**nice and cool（涼しくて気持ちがよい）**も一緒に覚えておきましょう。I hope it'll stay like this. = I hope it'll stay this way.

⑥ 今夜も寒くなりそう

It's going to be cold again tonight.
今夜はまた冷えそうだね。

That's for sure. Keep yourself warm.
確かにね。温かくしておかないと。

▶▶▶きちんと伝わる**POINT!**
That's for sure. は「確かにその通りです、間違いありません」の意味で、**You are certainly right.** と同じです。**No doubt about it.** と言うこともできます。

❼ 昨夜は暑かった

Wasn't it hot last night?
昨夜は暑くなかった？

Yes, awfully hot.
ええ、すっごく暑かったわ。

▶▶▶きちんと伝わる**POINT!**
awfully は「とても、恐ろしく、ひどく」の意味で、very のインフォーマルな語として覚えておいてください。awfully hot の前には、it wasが省略されています。

❽ 今日の天気予報は？

What's the weather forecast for today?
今日の天気予報はどうなってる？

It'll be cloudy in the morning and rainy in the afternoon.
午前中はくもりで、午後は雨よ。

▶▶▶きちんと伝わる**POINT!**
weather forecast は「天気予報」の意味です。today の前の for を付け忘れないように注意しましょう。

Scene 4　天気

Download! 13

⑨ 天気はどうでした？

How did you like the weather in Hawaii, Joe?
ハワイの天気はどうだった、ジョー？

I loved it. It was perfect!
よかったよ。最高だったよ。

▶▶▶きちんと伝わるPOINT!

How did you like 〜 ? は「〜はいかがでしたか、〜は気に入りましたか」の意味で、頻繁に用いられる英文パターンなので、マスターしておきましょう。

⑩ 耐えられないほど暑い！

Man, this heat is unbearable!
おいおい、この暑さには耐えられないよ。

It sure is. I wonder how long it'll last.
まったくね。この暑さいつまで続くのかしら。

▶▶▶きちんと伝わるPOINT!

間投詞の man は「うわ、やれやれ」の意味を表し、喜怒哀楽いずれにも用いられます。unbearable は「耐えられない、我慢できない」の意味。動詞の last は「続く」（= continue）の意味です。

40

超定番フレーズ

. . . .

1 What's the temperature?

（気温は何度ですか）

2 It's getting warmer and warmer.

（だんだん暖かくなってきましたね）

3 I'm sure it'll clear up soon.

（すぐに晴れますよ）

4 The rainy season has just set in.

（梅雨の季節が始まりました）

5 A typhoon is on its way.

（台風が近づいています）

トラブル

❶ 救急車を呼んでください！

You look like you've been hurt badly.

ひどいケガをしておられるようですね。

Yes, please call an ambulance **right away.**

はい、すぐに救急車を呼んでください。

▶▶▶きちんと伝わる**POINT!**

ambulance は「救急車」の意味です。一緒に **fire engine（消防車）**や **police car（パトカー）**も覚えておきましょう。

❷ 緊急時の通報

Look at the smoke over there!

あそこの煙を見て。

Oh, my goodness! There's a big fire. I'll call 911.

大変だ。大火事になってるぞ。911に電話するよ。

▶▶▶きちんと伝わる**POINT!**

Oh, my goodness! は「何てことだ！大変だ！」の意味の決まり文句です。アメリカでは緊急時の通報先は、救急・消防・警察、全部共通で「911」。イギリスでは全部「999」で OK です。

海外でトラブルに巻き込まれてしまった時、一番大切なのは冷静な対応です。緊急時に備えるための表現を習得しておきましょう。

③ ～の入ったカバンを置き忘れた

I forgot the bag with my passport in it on the train.
電車の中にパスポートの入ったカバンを忘れてしまいました。

Oh, no. Which train was that?
うわあ。どの電車でしたか。

▶▶▶きちんと伝わる**POINT!**

forgot の代わりに、left を用いても OK。万が一旅券が見つからない場合には、**Please contact the Japanese embassy immediately.（すぐに日本大使館に連絡してください）**と言われるでしょう。

④ スリに遭ったみたいです

I think I was pickpocketed downtown.
ダウンタウンでスリに遭ったみたいです。

What's missing? Give me a list of the items.
何が無くなっていますか。(盗難された)物品を具体的に教えてください。

▶▶▶きちんと伝わる**POINT!**

この場合の pickpocket は動詞で、「する、すり取る」の意味です。pickpocket には「スリ」（名詞）の意味もあります。missing は「紛失した、無くなっている」の意味の形容詞です。

トラブル

⑤ 強盗に襲われた

Some guy mugged me on the street.
ある男に通りで襲われ金を奪われました。

What did he look like?
その男（の外見）はどんな感じでしたか。

▶▶▶きちんと伝わる**POINT!**

動詞の mug は「襲って金品を奪う」の意味です。名詞の mug には「マグカップ」の意味もあります。What does ～ look like?（～はどのように見えますか）の英文パターンに慣れておきましょう。

⑥ カメラを盗まれた

Someone stole my camera.
誰かにカメラを盗まれました。

Are you sure? Why don't you look again in your room?
間違いないですか。もう一度部屋の中を調べてみてはどうですか。

▶▶▶きちんと伝わる**POINT!**

Someone stole my camera. は能動態ですが、受動態を用いて My camera was stolen. ともよく言います。さらに、使役動詞の have を用いて、I had my camera stolen. と言っても OK です。

❼ 中に貴重品が入っていました

My suitcase was stolen.
There were some valuables in it.

スーツケースを盗まれました。中にいくつか貴重品が入っていました。

Please contact your insurance company immediately.

すぐに保険会社に連絡してください。

▶▶▶きちんと伝わるPOINT!
valuables は「貴重品」（複数扱い）の意味でしたね。
insurance company は「保険会社」の意味です。

❽ ホテルの隣の部屋の客がうるさい

The people in the next room are making so much noise, and I can't sleep.

隣の部屋の人たちが大騒ぎをしてうるさくて、眠れません。

We'll look into it immediately.

こちらですぐに調べてみます。

▶▶▶きちんと伝わるPOINT!
The people in the next room（隣の部屋の人たち）は、**The people next door** と言うこともできます。look into 〜は「〜を調べる」の意味です。

⑨ 転んで擦りむいてしまった

I tripped and scraped my knee. Do you have any Band-Aids?

転んで、ひざを擦りむいてしまいました。バンドエイドはありますか。

Yes, we do. How many do you need?

はい、ありますよ。いくつ必要ですか。

▶▶▶ きちんと伝わるPOINT!

動詞の trip は「転ぶ、つまずく」の意味であり、「旅行をする」の意味で用いることは現代英語ではほとんどありません。scrape は「擦りむく」、knee は「ひざ」の意味です。

⑩ 配達された小包の中身が…

The package arrived this morning in poor condition. The product inside is broken.

今朝小包が劣悪な状態で届きました。中の製品が壊れています。

Is that right? Sorry about that. Please return the damaged product to us.

さようでございますか。申し訳ありません。破損した商品を弊社にご返送ください。

▶▶▶ きちんと伝わるPOINT!

in poor condition は「劣悪な状態で」の意味。Sorry about that. は「申し訳ございません」の意味の決まり文句でしたね。product の前の damaged は「破損した、損傷した」の意味の形容詞です。

超定番フレーズ

1 **Somebody, help!**

(誰か助けて！)

2 **It's an emergency.**

(緊急事態です／急病です)

3 **Please call the police.**

(警察を呼んでください)

4 **My child is lost.**

(子どもが迷子になりました)

5 **Where's the lost and found?**

(遺失物取扱所はどこですか)

多くの日本人とは異なり、英語圏の人々はあいさつをマナーというよりもむしろ人間としての常識と見なしています。だから、みんなが明るく大きな声であいさつを交わすわけですね。さて、皆さんの中には**How are you?** と聞かれて、これまでいつも**So-so.** と答えていた人がいるのではないでしょうか。でも、**So-so.** というのは日本語の「まあまあ」ではなくて、実は**Not too well.**（あまりよくない）の意味なんです。この恐ろしい事実、あなたは知っていましたか？

第 **2** 章

旅行

２章では旅行に必須なフレーズを学習していきます。空港、交通機関を旅行で利用する際の下準備にもなりますね。しっかりと練習して、旅先でも堂々とコミュニケーションがとれるようにしましょう。

① チェックインカウンターの場所を聞く

Excuse me. Where is the Southwest Airlines check-in counter?

すみません。サウスウエスト航空のチェックインカウンターはどこでしょうか。

Right over there.

すぐそこです。

▶▶▶きちんと伝わるPOINT!
check-in counter（チェックインカウンター）や departure gate（出発ゲート）の位置はしっかり確認しておきましょう。over there の前のright は強調の表現で「まさに」の意味です。

② 預ける荷物の数は？

How many bags would you like to check in?

荷物はいくつお預けになりますか？

Only two.

2つだけです。

▶▶▶きちんと伝わるPOINT!
「機内持ち込み手荷物」は **carry-on baggage**（略して carry-on）と言います。

> 旅の始まりと旅の終わりは、空港・機内で過ごす
> ことになります。楽しく始め、楽しく終えるためにも、
> しっかりと練習しておきましょう。

❸ 窓側、それとも通路側？

Do you have any preference as to your seat?

お座席のご希望はございますか。

Yes, I'd like to have an aisle seat.

はい、通路側の席をお願いします。

▶▶▶きちんと伝わるPOINT!

preference は「好み」、as to ～は「～については」の意味。窓側の席を希望する時は、**I'd like to have a window seat.** と言います。特に希望がなければ、**Anywhere's all right.** と言えば OK です。

❹ そこは私の席なんですが…

Excuse me, but I think you're sitting in my seat.

すみません、私の席に座っていらっしゃるようですが。

Really? Oh, sorry about that.

本当ですか。いやあ、すみません。

▶▶▶きちんと伝わるPOINT!

I think you're sitting in my seat. = I think this is my seat. 飛行機に乗る時には、自分の boarding pass（搭乗券）に記載されている席番号をきちんとチェックして席に座るようにしましょう。

⑤ フライトの遅れを確認する

Is this flight delayed?
この便は遅れていますか。

No, we are arriving on schedule.
いいえ、定刻に到着の予定です。

▶▶▶きちんと伝わるPOINT!
フライト中、機内での質問場面です。delay はしばしば受け身で「遅れる」の意味を表します。on schedule は「予定通りに、定刻通りに」の意味です。この場合は、**on time** を用いることもあります。

⑥ 座席の角度を元に戻す

Could you please put your seat in the upright position?
座席を元の位置に戻していただけますか。

Sure thing.
わかりました。

▶▶▶きちんと伝わるPOINT!
upright は「直立した、垂直の」の意味。Sure thing.（That's a sure thing. の省略形）は「もちろん、オーケーです」の意味のインフォーマルな表現です。**Sure.** や **Certainly.** と言っても OK です。

⑦ パスポートを提示する

May I see your passport, please?
パスポートを見せてもらえますか。

Here you are.
はい、どうぞ。

▶▶▶きちんと伝わるPOINT!
簡単に、Passport, please. と言う immigration officer（入国審査官）もいます。入国審査のカウンターでは、旅券を提示すると同時に、入国カード（immigration card）も渡すことになります。

⑧ 入国目的を答える

What's the purpose of your visit?
入国目的は何ですか。

Sightseeing.
観光です。

▶▶▶きちんと伝わるPOINT!
入国目的（滞在目的）については、Sightseeing.（観光です）のほか、**On business.（仕事です）**、**On vacation.（休暇です）**、**To visit my friend.（友達に会うためです）** などと言えばいいですね。

53

空港・機内

⑨ 滞在期間を答える

How long will you be staying?
滞在期間はどのくらいですか。

Two weeks.
2週間です。

▶▶▶きちんと伝わる**POINT!**

How long will you be staying? の代わりに、**How long do you intend to stay?** と聞かれることもあります。この質問の後、よく **Where are you staying?（どこに滞在しますか）**と聞かれます。

⑩ 税関での質問に答える

Do you have anything to declare?
申告するものはありますか。

No, nothing.
いいえ、ありません。

▶▶▶きちんと伝わる**POINT!**

税関（customs）では必ずこの質問を受けます。簡単に、**Anything to declare?** と聞く税関職員もいます。No, nothing. はていねいに、**No, I have nothing to declare.** と言ってもいいですね。

超定番フレーズ

1 **How soon are we taking off?**

(あとどのくらいで離陸しますか)

2 **May I have another blanket?**

(毛布をもう1枚いただけますか)

3 **I'm airsick.**

(飛行機に酔いました)

4 **What's the local time now?**

(今、現地時間は何時ですか)

5 **Here's my baggage claim tag.**

(これが私の手荷物引換証です)

Scene
7 交通

❶ バスの運賃を尋ねる

What's the fare to Maplewood Mall?
メープルウッド・モールまでの運賃はいくらですか。

It's $1.50.
1ドル50セントです。

▶▶▶きちんと伝わる**POINT!**

fare は「運賃」の意味。What's の代わりに、How much is を用いても
OK です。$1.50 の部分はここでは a dollar fifty と読まれていますが、人
によっては **one dollar and fifty cents** や **one fifty** と読む人もいます。

❷ バスの運転手に行き先を確認する

Is this the right bus for Mall of America?
これはモール・オブ・アメリカに行くバスですか。

Yes, it is. Hop in.
はい、そうですよ。さあ乗ってください。

▶▶▶きちんと伝わる**POINT!**

米国最大のショッピングモール Mall of America は、ミネソタ州のミネア
ポリスにあります。皆さんも一度はあの巨大モールで買い物を楽しんでくだ
さい。Hop in. は「(車に) さあ乗って」の意味です。

はじめての街を旅する時、もっとも大変なのは
移動手段の確保ですね。ここで紹介する表現は、
繰り返し何度も使うことになるでしょう。

③ ～行きのバスはどれですか?

Which bus goes to the downtown area?
繁華街行きのバスはどれですか。

Buses No.10 and 11.
10番と11番のバスです。

▶▶▶きちんと伝わる**POINT!**

downtown area は「繁華街、ビジネス街、商業地区」の意味です。
downtown を日本語に直訳して、「下町」と勘違いしないように注意しましょ
う。

④ タクシー乗り場の場所は?

Where is the taxi stand?
タクシー乗り場はどこですか。

Across the street, over there.
道路の向かう側の、あそこですよ。

▶▶▶きちんと伝わる**POINT!**

taxi stand は「タクシー乗り場」、across the street は「通りの向こう側
に、道路の反対側に」の意味です。Across the street. の代わりに、**It's
on the opposite side of the street.** と言っても OK です。

❺ タクシー運転手に目的地を告げる

Where to?
どちらまでですか。

I'd like to go to the Days Inn.
デイズ・インまでお願いします。

▶▶▶きちんと伝わる**POINT!**
タクシー運転手（taxi [cab] driver）は必ず Where to?（どちらまで？）
と聞いてきます。**Would you take me to the Days Inn?** や、もっと簡
単に **The Days Inn, please.** と言っても OK です。

❻ お釣りはけっこうです

Here we are, the Days Inn. That'll be $26.25.
デイズ・インに着きました。**26**ドル**25**セントです。

Here's thirty dollars. Keep the change.
はい30ドルです。お釣りはけっこうです。

▶▶▶きちんと伝わる**POINT!**
Here we are.（さあ着きましたよ）は、目的地に到着した際に言う決まり
文句です。Keep the change. の代わりに、You can keep the change.と
言うこともできます。

⑦ 電車が出発するホームを尋ねる

What platform does the train leave from?
その電車は何番線から出ますか。

It leaves from platform No. 3.
3番線から出ます。

▶▶▶きちんと伝わる**POINT!**

What platform does the train leave from? は、駅での会話で非常によく
用いられる表現です。しっかりとマスターしておいてください。platform
[plǽtfɔːrm] の発音に注意しましょう。

⑧ 電車の行き先を確認する

Does this train go to the city zoo?
この電車は市立動物園に行きますか。

No. You should take the one after this one.
いいえ。この後に来るのに乗るといいですよ。

▶▶▶きちんと伝わる**POINT!**

take the one after this one の 2 つの one は両方とも train のことを指し
ています。

⑨ レンタカー店の場所を知りたい

Can you tell me where I can rent a car, please?
どこでレンタカーを借りられるか教えてもらえますか。

**Keep going straight,
and you'll see the booth on your right.**
ここをまっすぐ行くと、右手にブースが見えますよ。

▶▶▶きちんと伝わる**POINT!**
「レンタカーを借りる」は、rent a car です。on your right（右手に）と
on your left（左手に）の表現に慣れておきましょう。booth [búːθ] の発
音に注意しましょう。

⑩ 車種リストを見せてもらう

What type of car would you like to rent?
どの車種を借りたいですか。

**Can I see what's available?
I mean, do you have a list?**
どんな車があるのか見せてもらえますか。つまり、リストはありますか。

▶▶▶きちんと伝わる**POINT!**
available は「利用できる」の意味です。会話の途中に挿入する I mean は、
自分の言っていることの焦点をよりはっきりさせるために用い、「つまり」「と
いうか」の意味を表します。

超定番フレーズ

1 Where is the nearest bus stop?

（最寄りのバス停はどこにありますか）

2 How often does this bus run?

（このバスは何分おきに出ていますか）

3 What time are we arriving in San Francisco?

（何時にサンフランシスコに到着しますか）

4 Could you call me a cab, please?

（タクシーを呼んでいただけますか）

5 Give me a round-trip ticket to Pittsburgh, please.

（ピッツバーグへの往復切符をください）

Scene 8 ホテル

Download 23

1 電話で予約をする

I'd like to make a reservation, please.
予約をお願いしたいのですが。

Okay. For which days will that be?
かしこまりました。何日でございましょうか。

▶▶▶きちんと伝わるPOINT!

make a reservation は「予約を入れる」の意味です。ホテルの予約だけでなく、レストランの予約、チケットの予約などにも用いることができる大変便利なフレーズです。

2 宿泊料金を尋ねる

What's the rate for a single room?
シングルの部屋はいくらですか。

120 dollars a night, including tax.
税込みで120ドルです。

▶▶▶きちんと伝わるPOINT!

「宿泊料」は room rate（略して rate）と言います。What's the rate for a single room? の代わりに、**How much is a single for the night?** と言ってもOKです。tax は「税金」の意味です。

ホテルの従業員たちは丁寧な英語で話しかけてきます。カタコトでも通じますが、やはりこちらからも丁寧に話しかけたり、返答したいものですね。

③ 海の見える部屋がいいです

Please give me a room with an ocean view.

海の見える部屋をお願いします。

I'm sorry, but all the ocean-view rooms are booked up at the moment.

申し訳ありませんが、海の見える部屋はただ今満室となっております。

▶▶▶ きちんと伝わるPOINT!

a room with an ocean view = an ocean-view room. 「山 の 見 え る 部 屋」なら、a room with a mountain view = a mountain-view room. be booked up は「すべての部屋が予約済みである」の意味です。

④ 朝食込みの料金かどうかを聞く

Is breakfast included in the charge?

朝食はその料金に含まれていますか。

Yes, it is.

はい、含まれています。

▶▶▶ きちんと伝わるPOINT!

charge は「料金、代金」の意味です。in the charge の代わりに、in the rate と言うことも可能です。

⑤ チェックインする

I'd like to check in, please.
チェックインしたいのですが。

Do you have a reservation, sir?
ご予約はされていますか。

▶▶▶きちんと伝わる**POINT!**
ホテルのフロントでよく交わされる表現です。反対に「チェックアウトしたい」場合には、I'd like to check out (now). と言えば OK。sir は男性への呼びかけに用いられる語です。

⑥ ペンを借りる

Would you please register?
（宿泊カードに）ご記入いただけますか。

Sure. May I borrow a pen?
はい。ペンをお借りできますか。

▶▶▶きちんと伝わる**POINT!**
この場合のregisterは「（宿泊カードに）記入する」の意味。同じ質問を、**Would you fill in the register?** や **Would you fill out this registration form, please?** と聞かれることもあります。

⑦ チェックアウトの時間を確認する

What is your checkout time?
チェックアウトは何時ですか。

11:00 a.m., ma'am.
午前11時です。

▶▶▶きちんと伝わる**POINT!**
文頭の What は、When にしても OK です。もっと簡単に、What time is checkout? や When is checkout? と言うことも可能。ma'am は madam の縮約形で「ご婦人、お嬢さん」の意味です。

⑧ 貴重品を預けたい

Could you keep these valuables for me?
これらの貴重品を預かっていただけますか。

Sure. Please fill in this form.
はい。この用紙にご記入ください。

▶▶▶きちんと伝わる**POINT!**
valuables は「貴重品」の意味で複数扱いです。fill in ~は「~に記入する」の意味です。

65

⑨ ～の調子が悪い

**Something is wrong with
the air conditioner in my room.**

部屋のエアコンの調子が悪いのですが。

Okay. I'll send someone to check it right away.

わかりました。すぐに点検の者を送ります。

▶▶▶きちんと伝わる**POINT!**

Something is wrong with ～は「～のどこかがおかしい」の意味。～の部分には the TV（テレビ）、the shower（シャワー）、the bath plug（風呂の栓）、the toilet（トイレ）などが入ります。

⑩ モーニングコールを頼む

**I'd like a wake-up call at
seven tomorrow morning.**

明日の朝7時にモーニングコールをお願します。

Certainly, ma'am.

はい、承知いたしました。

▶▶▶きちんと伝わる**POINT!**

「（ホテルの）モーニングコール」は wake-up call と言います。和製英語の morning call は使えませんのでご注意を。

超定番フレーズ

1 **Do you have a room available for tonight?**

(今晩泊まりたいのですが、空室はありますか)

2 **How would you like to pay?**

(お支払いはどのようになさいますか)

3 **May [Can] I use credit cards?**

(クレジットカードは使えますか)

4 **Are there any messages for me?**

(私あての伝言が届いておりますでしょうか)

5 **The toilet doesn't flush well.**

(トイレの水がうまく流れません)

① 次のツアー開始時間は？

What time does the next cave tour start?
次の洞窟ツアーは何時から始まりますか。

At 11:30. Try to show up 5 minutes before that.
11時30分です。5分前に集合するようにしてください。

▶▶▶ きちんと伝わる**POINT!**
「〜は何時に始まりますか」は、What time does 〜 start [begin] ? のパターンで覚えておきましょう。cave は「洞窟」の意味。show up は「現れる、姿を見せる」の意味です。

② 入場券を購入する

I'd like 5 tickets — two adults and three children.
チケットを5枚お願いします。大人2人、子ども3人です。

That'll be 44 dollars.
44ドルになります。

▶▶▶ きちんと伝わる**POINT!**
チケットを購入する時の表現に慣れておきましょう。「大人 1 人、子ども 1 人」という場合には、One adult and one child. と単数になります。

写真を撮ってもらいたいときの依頼の仕方は
もちろん、カメラの使い方を説明する際の表現も
覚えておくと便利ですね。

③ ツアーバスの行き先を尋ねる

Where does this tour bus go?

このツアーバスはどこに行くのですか。

**It'll show you around the town,
and stop at the main sightseeing spots.**

町を案内して回り、主な観光名所に止まります。

▶▶▶ きちんと伝わるPOINT!

show A around B は「A に B を案内して回る」の意味です。sightseeing spot は「観光名所」の意味です。

④ オススメの観光名所は？

**Any suggestions for good tourist spots
in this area?**

この地域にオススメの観光名所はありますか。

**There are many popular spots, actually.
Let me show you a guidebook.**

実はたくさん有名な場所があるんですよ。ガイドブックをお見せしましょう。

▶▶▶ きちんと伝わるPOINT!

Any suggestions ～の文頭には、Do you have が省略されています。tourist spot（観光名所）は、sightseeing spot と同じ意味です。

❺ なんてステキな景色でしょう！

Wow! What a view! So, this is Niagara Falls.
わあ、すごい光景！　なるほど、これがナイアガラの滝なのね。

Breathtaking, isn't it?
息をのむほどに見事だね。

▶▶▶きちんと伝わる**POINT!**
Niagara Falls（ナイアガラの滝）はカナダのオンタリオ州とアメリカの
ニューヨーク州とを分ける国境に位置します。breathtaking は「息をのむ
ような、目を見張るような」の意味です。

❻ 使い捨てコンタクトはありますか？

Do you sell daily disposable contact lenses?
使い捨てのコンタクトを売っていますか。

Yes, they are right here.
はい、ここにありますよ。

▶▶▶きちんと伝わる**POINT!**
disposable は「使い捨ての」の意味です。**disposable chopsticks（割り
ばし）**や **disposable diaper（紙おむつ）**、**disposable paper cup（使
い捨ての紙コップ）** などにも用いられます。

❼ 写真を撮ってもらえますか？

Excuse me.
Would you mind taking our picture?

すみません。写真を撮っていただけますか。

No, not at all.

ええ、いいですよ。

▶▶▶きちんと伝わる**POINT!**

mind は目的語として動名詞のみを取る動詞です。Would you mind-ing?（〜していただけますか）に対して、「いいですよ」と言う場合は、No, not at all.（ええ、かまいませんよ）をよく用います。

❽ カメラの使い方を説明する

Just push this button here.

このボタンを押すだけです。

Okay, I got it. Ready? Say cheese.

はい、わかりました。じゃあ行きますよ。はい、チーズ。

▶▶▶きちんと伝わる**POINT!**

button [bʌtən] は正確に発音しましょう。I got it. は「わかりました」の意味の決まり文句です。「はい、チーズ」は、Say cheese. と言います。

9 写真を撮ってもいいですか？

Is taking photos permitted in this museum?
この博物館では写真撮影は許されていますか。

No. You can't video or photograph inside.
いいえ。館内ではビデオ撮影も写真撮影もできません。

▶▶▶きちんと伝わるPOINT!
permitted の代わりに、allowed でも OK。photo は photograph（写真）の短縮語です。You can't の後の video（ビデオ撮影をする）とphotograph（写真撮影をする）はどちらも動詞です。

10 おみやげ屋に寄って行こうよ

Let's stop by a souvenir shop later on.
後でおみやげ屋に寄ろうよ。

All right. We should buy something for our children, shouldn't we?
そうね。子どもたちに何か買ってあげないとね。

▶▶▶きちんと伝わるPOINT!
stop by ～は、drop by ～と同じで「～に立ち寄る」の意味です。souvenir shop は「土産物店」の意味です。文末の later on（あとで）は on を取って、later だけにしてもかまいません。

超定番フレーズ

How much is the admission fee?

（入場料はいくらですか）

Where's the tourist information center?

（観光案内所はどこですか）

What is it famous for?

（それは何が有名なのですか）

It's only 10 minutes' walk from here.

（ここからほんの 10 分歩いたところにあります）

Do you have a free tourist map?

（無料の観光地図はありますか）

レストラン

① 外に食べに行かない？

 **I'd like to go out for dinner tonight.
How does that sound to you?**

今晩の夕食は外に行きたいんだけど。どうかなあ？

 Sounds great. Let's go.

いいわね。行きましょう。

▶▶▶きちんと伝わるPOINT!

How does that sound (to you)? は、話の後に付け足して述べる決まり
文句で「どう思う？」の意味です。Sounds great. の文頭には、It または
That が省略されています。

② 何名様ですか？

 Hi, how many?

いらっしゃいませ、何名様ですか。

 Just the two of us.

2名だけです。

▶▶▶きちんと伝わるPOINT!

How many? は、How many (are) in your party? を簡単にしたものです。
Just the two of us. の Just の前には There are が省略されています。最
も簡単な返答は、Just two. または Two. です。

素敵なレストランへ行くのなら、食事だけでなく、
きちんとした表現を覚えて、その雰囲気も存分に
楽しみたいものです。

③ ファストフード店で

For here or to go?
こちらでお召し上がりですか、お持ち帰りですか。

To go, please.
持ち帰りでお願いします。

▶▶▶きちんと伝わる**POINT!**

For here or to go? は、Will that be for here or to go? の略式です。店で
食べる場合には **For here, please.** や **I'll eat here.**、持ち帰る場合には
To go, please. や **Take out, please.** と答えます。

④ 注文を待ってもらう

Ready to order?
ご注文はお決まりですか。

Could we have a little more time?
もう少し待ってもらえますか。

▶▶▶きちんと伝わる**POINT!**

「ご注文はお決まりですか」は、**May I take your order now?** や **Have
you decided?** とも言います。注文を決めにくい時には、**Please give us
[me] a few more minutes.** と言っても OK です。

⑤ ステーキの焼き具合は？

How would you like your steak done?
ステーキの焼き具合はいかがなさいますか。

I'd like it medium, please.
ミディアムでお願いします。

▶▶▶きちんと伝わる**POINT!**

your steak done の done は省略可能です。ステーキの焼き具合は、Rare [Medium/ Well-done], please.と返答してもOK。朝食時のタマゴは、How would you like your eggs? と聞かれます。

⑥ ドレッシングは何に？

What kind of dressing would you like on your salad?
サラダのドレッシングは何になさいますか。

Italian, please.
イタリアンをお願いします。

▶▶▶きちんと伝わる**POINT!**

ドレッシングを何にしてよいかわからない時には、**What kinds of dressing do you have?**（どんな種類のドレッシングがありますか）と聞きましょう。

7 コーヒーのおかわりは？

Would you like some more coffee?
コーヒーをもう少しいかがですか。

Yes, please.
はい、お願いします。

▶▶▶ きちんと伝わるPOINT!
「～をもう少しいかがですか」は、Would you like some more ～ ? です。
～の部分に salad（サラダ）、pizza（ピザ）、cookies（クッキー）などを入
れればよいわけです。

8 お済みですか？

Are you finished with your salad?
もうサラダはお済みになりましたか。

Not yet. I'm still working on it.
まだです。まだ食べている最中です。

▶▶▶ きちんと伝わるPOINT!
Are you finished with ～ ?（～はお済みですか）と一緒に、**Are you
finished here?（お下げしてもいいですか）** も覚えておきましょう。「まだ
食べている最中です」は **I'm still eating.** でも OK です。

Scene 10 レストラン

❾ デザートはいかがですか?

Would you care for dessert?
デザートはいかがですか。

No, thanks.
いえ、けっこうです。

▶▶▶きちんと伝わる**POINT!**
「デザートはいかがですか」は、**Would you like (some) dessert?** とも言います。通常はお腹いっぱいでも「デザートは別腹」（**There is always room for dessert.**）ですよね。

❿ お勘定をお願いします

Excuse me, could we have the check, please?
すみません、お勘定をお願いします。

Sure, I'll be right back with that.
かしこまりました、すぐにお持ちいたします。

▶▶▶きちんと伝わる**POINT!**
「お勘定をお願いします」は、Could [May/ Can] we [I] have the check, please? の他、**Could you bring us [me] the check, please?** とも言います。check の代わりに、bill を用いても OK です。

超定番フレーズ

1 **May I have a menu, please?**

（メニューを見せていただけますか）

2 **I'll have the same.**

（同じものをください）

3 **What's today's special?**

（今日の特別メニューは何ですか）

4 **It's [This is] on me.**

（私のおごりです）

5 **Let's split the bill.**

（割り勘にしましょう）

知ってトクする！
ネイティブ・マメ知識

　海外旅行では、堂々とした態度が大切です。機内でも、飲み物・毛布・酔い止めの薬など、欲しいものや必要なものがあれば、遠慮せずに乗務員にリクエストしましょう。入国審査官、税関職員との会話も堂々とできなければいけません。彼らが聞いてくる質問は最初からほとんど決まっているお決まり表現です。こちらが小さな声で恐る恐る返答していると、彼らに**"What did you say? I can't hear you!"**と注意されてしまいますので、大きな声で答えるように心がけましょう。

日常生活

ホームステイや長期滞在の予定がある場合に
欠かせないのが日常生活の会話です。ショッ
ピングや見知らぬ人との会話シーンは、現地
の人との交流を深めるきっかけにもなるで
しょう。

Scene 11 家庭での食事

❶ 夕食は何がいい？

What do you feel like for dinner?
夕食に何が食べたい？

Anything you cook will be fine, Mom.
お母さんの作るものだったら何でもいいよ。

▶▶▶きちんと伝わるPOINT!
feel likeの後に havingや eating をつけても OK です。feel like -ingは「〜
したい気がする」の意味です。

❷ あと15分ぐらいよ

Oh, I'm starved. Is dinner ready?
ああ、腹ぺこだよ。夕ごはんはまだ？

Not yet. About another fifteen minutes.
まだよ。あと15分くらいよ。

▶▶▶きちんと伝わるPOINT!
I'm starved. は「（飢え死にしそうなほど）お腹が減っている」という意味
です。最も簡単な言い方は、I'm (very) hungry. です。About another 〜
の文頭には、In が省略されています。

ここでは、一般家庭での食事にまつわる決まり文句やフレーズを学びましょう。友人の家に食事に招かれた際などにも役立つ表現が満載です。

③ よだれが出そう…

It's chow time, everyone!
みんな、ごはんよ！

Mmm, it looks delicious. It makes my mouth water.
うーん、おいしそうだね。よだれが出ちゃうほどだよ。

▶▶▶きちんと伝わるPOINT!

It's を省略して Chow time! でも OK。「ごはんよ」は **Dinner's ready!**や **Soup's on!** や **Come and get it!** とも言います。It makes my mouth water. は「（おいしそうで）よだれが出てしまうほどだ」の意味です。

④ たまにはピザにしようよ

I think we should order pizza tonight for a change.
たまには、夜にピザを注文してもいいと思うんだけど。

Good idea, Dad! I couldn't agree more.
それはいい考えね、お父さん。大賛成よ。

▶▶▶きちんと伝わるPOINT!

for a change は「いつもと違って、たまには」の意味。I couldn't agree (with you) more. は、相手の意見に対して全面的に賛成する際に用いる表現で「大賛成です、まったく同感です」の意味です。

❺ 飲み物を注ぐ量は？

Here's the apple cider, Jack. Say when.
ジャック、アップルサイダーだよ。どれくらい欲しいか言ってね。

When.
それくらいでいいよ。

▶▶▶きちんと伝わる**POINT!**
Say when. は「飲みたい量まで注いだら、それで結構と言ってくださ
い」という意味です。それに対する返答は When. と言います。**That's
enough. Thank you.** と言っても OK です。

❻ 塩を取ってくれる？

Will you pass me the salt, Ken?
ケン、塩を取ってくれる？

Sure. Here you go, Mom.
うん。はいどうぞ、お母さん。

▶▶▶きちんと伝わる**POINT!**
Here you go. は「さあどうぞ」の意味です。代わりに、**Here you are.** や
Here it is. を用いることもできます。

⑦ ちょっとしょっぱいよ

How's the soup?
スープの味はどう？

Well, it's a bit too salty for me.
う～ん、僕にはちょっとしょっぱすぎるかな。

▶▶▶きちんと伝わる**POINT!**
salty（塩辛い）の代わりに、味に応じて sweet（甘い）、bitter（苦い）、sour（すっぱい）、spicy（ピリッと辛い）などの形容詞を使えばいいですね。

⑧ 食事中に席を外す

Can I be excused?
ちょっと失礼するね？

Yeah, go ahead.
はい、どうぞ。

▶▶▶きちんと伝わる**POINT!**
Can [May] I be excused? は食事中にトイレに行く場合など、席を外す時に用いる決まり文句です。同じことを、**I'll excuse myself.** や **Would you excuse me for a moment?** でも言い表せます。

⑨ おかわりを断る

Would you like some more cake?
もっとケーキはどう？

No, thanks. I've had plenty.
もういいよ。たくさん食べたから。

▶▶▶きちんと伝わる**POINT!**
No, thanks. の代わりに、**Not right now, thanks.**（今はいらない）や
No thanks. Perhaps a little later.（今はいいよ。もう少し後にね）と言っ
てもよいでしょう。

⑩ 英語でごちそうさまは？

That was a great meal. Thank you, Mom.
とても美味しい料理だったよ。ありがとう、お母さん。

You're welcome.
Thank you for the compliment.
どういたしまして。褒めてくれてありがとうね。

▶▶▶きちんと伝わる**POINT!**
That was a great meal. のほか、**That [It] was a delicious dinner.**
や **The meal was wonderful.** などと言っても OK です。Thank
you for the compliment. は「お褒めの言葉をありがとう」の意味です。

超定番フレーズ

1 **What's for dinner tonight?**

（今日の夕食は何？）

2 **How does it taste?**

（味はどうかしら）

3 **Would you like another helping?**

（おかわりはどうですか）

4 **Can you nuke it for me?**
　　　　　　　＊

（それを電子レンジでチンしてくれる？）

5 **You are picky about the food.**
　　　　　　　＊

（君は味にうるさいね）

＊nuke ：（電子レンジで）調理する
＊picky ：選り好み

Scene 12 ショッピング 1

① ～売り場は何階ですか？

Which floor is the men's shop on?

紳士服売り場は何階ですか。

It's on the 3rd floor.
Take the elevator over there.

3階でございます。あちらのエレベーターをご利用ください。

▶▶▶ きちんと伝わる**POINT!**

men's shop は「紳士服の店」の意味です。Which floor is the men's shop on? の代わりに、**Where can I find the men's department?** と言うことも可能です。

② ～を探しています

May I help you, sir?

何かお探しですか。

Yes, I'm looking for a sweater.

はい、セーターを探しています。

▶▶▶ きちんと伝わる**POINT!**

May [Can] I help you? は「何かお探しですか」「いらっしゃいませ」「ご用件は何でしょうか」など場面に応じて、いろいろな意味をもつ決まり文句です。sweater [swétər] の発音に注意しましょう。

お店に入ると店員さんがMay I help you? と
話しかけてきました。それに対して一言、
「見てるだけです」。すぐに英語で言えますか？

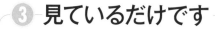

❸ 見ているだけです

Can I help you with something?

何かお探しですか。

No, thanks. I'm just browsing.

いいえ。見ているだけです。

▶▶▶きちんと伝わるPOINT!

「何かお探しですか」は、**Is there anything I can do for you?** や
Is there anything I can help you find? とも聞かれます。I'm just
browsing [looking]. （ただ見ているだけです）は重要な決まり文句です。

❹ ワンサイズ小さめで

Do you have this in the next size down?

もうワンサイズ小さいものはありますか。

Just give me a minute to check our stock.

在庫を調べてみますので、少しお時間をください。

▶▶▶きちんと伝わるPOINT!

Do you have this in the next size down? の代わりに、**Do you have
this in a smaller size?** や **Do you have a smaller size with this
design?** と言うことも可能です。stock は「在庫」の意味です。

第**3**章

日常生活

89

❺ 違う色のものはありますか？

How do you like this one?

こちらなど、いかがでしょうか。

It's a bit too loud for me.
Do you have it in a different color?

私には少し派手すぎますね。それの色違いのものはありますか。

▶▶▶きちんと伝わるPOINT!

ここでの How do you like ～ ? は「～はどうですか、～はお気に召しましたか」の意味を表します。loud は「派手な、けばけばしい」の意味です。

❻ ～はいくらですか？

How much is this diamond necklace?

このダイヤモンドのネックレスはいくらですか。

It's on sale now for $350.

現在、特価となっておりますので350ドルです。

▶▶▶きちんと伝わるPOINT!

「～はいくらですか」は、How much is ～ ? のパターンを用いましょう。
on sale は「特価で、セールで」の意味です。

⑦ レジでの決まり文句

Do you need anything else?

ほかはよろしいですか。

That's it, thanks.

これだけでけっこうです。

▶▶▶きちんと伝わる**POINT!**

Do you need anything else? の代わりに、**Is this all?** や **All set?** と
聞かれることもあります。That's it, thanks. の代わりに、That'll be all,
thanks. と言っても OK です。

⑧ カードは使えますか？

Do you accept VISA?

VISAカードは使えますか。

Definitely. You can use almost any card here.

もちろんです。当店ではほぼすべてのカードをご利用になれます。

▶▶▶きちんと伝わる**POINT!**

「（ここでは）～は使えますか」には、Do you accept [take] ～ ? のパター
ンが便利です。～の部分に、checks（小切手）、credit cards などを入れれ
ばいいわけですね。

⑨ ギフト用に包んでください

Would you mind gift-wrapping this for me, please?
これをギフト用に包んでもらうことはできますか。

No problem, sir.
かしこまりました。

▶▶▶ きちんと伝わるPOINT!

mind は目的語として動名詞のみを取る動詞でしたね。この質問文に対して「いいですよ」と言う場合は、No problem. のほか、Sure. でも OK です。gift-wrap は「ギフト用に包む」の意味です。

⑩ 返品したいのですが…

I'd like to return this, please.
I bought it here yesterday.
これを返品したいのですが。昨日こちらで購入しました。

Okay. Do you have the receipt?
わかりました。レシートをお持ちですか。

▶▶▶ きちんと伝わるPOINT!

I'd like to return this.（これを返品したいのですが）はよく用いる決まり文句です。日本と同様、アメリカでも返品する時には、receipt（レシート）が要ることをお忘れなく！

超定番フレーズ

1 Are you being helped?

(すでにご用を伺っていますか)

2 May I try this on?

(これを試着してみてもいいですか)

3 Where is the fitting [dressing] room?

(試着室はどこですか)

4 What's your price range?

(ご予算はいくらぐらいですか)

5 Could you give me a discount on this?

(これを少し値引きしていただけますか)

❶ 食料の買い出しはどのくらい行くの？

How often do you go grocery shopping?
食料品の買い物にはどのくらいの頻度で行くの？

Once a week. That's the way in America, right?
週に1回よ。アメリカならそんなものでしょ？

▶▶▶きちんと伝わるPOINT!
「食料品の買い物をする」は go [do] grocery shopping と言います。
That's the way (it is). は「そういうものです、それが現実なのです」の意味の決まり文句です。

❷ ～はどこにありますか？

Excuse me, where do you keep your cinnamon?
すみません、シナモンはどこに置いてありますか。

It's in seasonings in the middle of aisle 6.
6番売り場の中ほどの調味料コーナーにあります。

▶▶▶きちんと伝わるPOINT!
cinnamon [sínəmən] は「シナモン」です。seasonings は「調味料」のことですが、ここでは「調味料コーナー」を指しています。in the middle of ～は「～の真ん中に」の意味です。

スーパーマーケットでよく使うフレーズを学びましょう。旅行中に地元のスーパーへ行ってみると現地の人の生活が垣間見えて楽しいですよ。

③ ～売り場はどこですか？

Sir, where is the dairy section?

乳製品売り場はどこですか。

Do you see those milk bottles over there?
There are all kinds of dairy products around there.

あそこにミルクのボトルが見えますか。乳製品は全種類、あの辺りに置いています。

▶▶▶ きちんと伝わるPOINT!

dairy section は「乳製品売り場」、dairy products は「乳製品」の意味です。dairy[dέəri] と daily [déili]（毎日の）の発音の区別をきちんとできるようにしておきましょう。

④ ひき肉を～ポンドください

May I help you, ma'am?

奥様、何にしましょう。

Yes, can I get half a pound of ground beef?

牛のひき肉を半ポンドくださいますか。

▶▶▶ きちんと伝わるPOINT!

pound [páund]「ポンド」は、約 454 グラムです。ground beef の他、**ground pork（豚のひき肉）**、**ground chicken（鶏のひき肉）**、**ground turkey（七面鳥のひき肉）**も覚えておきましょう。

⑤ 何という魚ですか?

What kind of fish is this?

これはどんな魚ですか。

It's trout.
It's really delicious if you bake or fry it.

マスです。焼いても揚げても、とても美味しいですよ。

▶▶▶きちんと伝わるPOINT!

trout [tráut]「マス」の発音に注意しましょう。bake は「オーブンで焼く」、fry は「油で揚げる」の意味です。

⑥ どのくらい日持ちしますか?

How long does this cheese cake keep for?

このチーズケーキはどのくらい日持ちしますか。

It should be okay for about a week
if you keep it in the fridge.

冷蔵庫に入れておけば、1週間くらい大丈夫でしょう。

▶▶▶きちんと伝わるPOINT!

「(食べ物・飲み物が) もつ、保存できる」には、動詞の keep が便利です。It should be okay 〜の should は、「〜のはずだ」の意味です。fridge (冷蔵庫) は refrigerator の短縮形です。

⑦ パンの数えかた

You want two loaves of bread?
食パンを2斤（きん）ですね？

Yes, can you slice them?
はい、うす切りにしてもらえますか。

▶▶▶きちんと伝わるPOINT!
loaves は loaf（ひとかたまりのパン）の複数形です。a loaf of bread（食パン 1 斤）も覚えておきましょう。この場合の slice は「うす切りにする」の意味の動詞です。

⑧ スーパーのレジでの決まり文句

Paper or plastic?
紙袋にしますか、ポリ袋にしますか。

Paper, please.
紙袋でお願いします。

▶▶▶きちんと伝わるPOINT!
レジで必ず聞かれる質問です。plastic は「ビニール袋、ポリ袋」の意味。「ポリ袋」は通常 plastic bag と言います。Paper or plastic? は、Paperbag or plastic bag? を簡単にしているわけですね。

❾ 現金ですか、カードですか？

Cash or charge?
お支払いは現金ですか、それともクレジットカードですか。

Charge, please.
クレジットカードでお願いします。

▶▶▶きちんと伝わる**POINT!**
Cash or charge? は、**Will that be cash or charge?** や **How will you pay, cash or charge?** を簡単にした質問です。現金で払いたい場合には、**Cash, please.** と答えれば OK です。

❿ はい、お釣りですよ

Here's your change. Have a nice day.
はい、お釣りです。よい一日を。

Thank you. You too.
どうも。あなたの方も。

▶▶▶きちんと伝わる**POINT!**
change は「釣り銭、小銭」の意味で用いる場合、必ず単数形です。changes とはならないことに注意しましょう。

超定番フレーズ

1 Shall I pick up something for dinner?

（夕食用に何か買ってこようか）

2 May I try a sample?

（試食はできますか）

3 Do you sell [have] organic fruits and vegetables?

（有機栽培のくだものや野菜はありますか）

4 What's on sale today?

（今日は何が特売品ですか）

5 Are you the last in line?

（あなたがこのレジの列の最後ですか）

① この辺りに銀行はありませんか？

Excuse me, but do you know if there's a bank around here?
すみませんが、この辺りに銀行があるかご存じですか。

Yes. There's one two blocks down the street.
はい。この通りを2ブロック行ったところに1つありますよ。

▶▶▶きちんと伝わる**POINT!**
one は a bank（銀行）のことを指しています。block は「ブロック、区画」の意味です。down the street は「この先に、通りを進んで」の意味です。

② お札をくずしてもらう

Could you change this 100-dollar bill for me?
この100ドル札をくずしていただけますか。

How would you like that?
どのようにいたしましょう？

▶▶▶きちんと伝わる**POINT!**
change の代わりに、break を用いても OK。How would you like that?に対しては、**Three twenties and four tens, please.**（20 ドル紙幣 3 枚と、10 ドル紙幣 4 枚でお願いします）のように答えます。

外貨両替などの際に覚えておくと便利な表現を学びましょう。例えば「お札をくずしていただけますか?」は英語で何と言うのでしょう?

❸ 外貨の両替をする

I'd like to exchange Japanese yen for U.S. dollars.
日本円からアメリカドルへの両替をお願いします。

Okay. How much would you like to exchange?
わかりました。おいくら両替いたしますか。

▶▶▶きちんと伝わる**POINT!**
exchange A for B は「A を B と交換する」の意味。I'd like to exchange this shirt for one a size larger.（このシャツをひとつ上のサイズのものに交換してほしいのですが）のようにも用います。

❹ 小切手を現金に換える

I'd like to cash these checks, please.
これらの小切手を現金に換えて欲しいのですが。

Then, please endorse them all on the back.
では、すべて裏面に署名してください。

▶▶▶きちんと伝わる**POINT!**
cash は「現金に換える」、check は「小切手」の意味です。Please endorse them all on the back. の endorse の代わりに、sign を用いることも可能です。endorse は「裏書きする」の意味です。

⑤ 銀行口座を開設する

I'd like to open a bank account.
銀行口座を設けたいのですが。

Savings account or checking account?
普通預金口座ですか、それとも当座預金口座ですか。

▶▶▶きちんと伝わる**POINT!**
bank accountは「銀行口座」の意味です。savings account（普通預金口座）と checking account（当座預金口座）は一緒にして覚えておきましょう。

⑥ 海外へ送金する

I'd like to remit 5,000 dollars overseas.
5千ドルを海外に送金したいのですが。

There'll be a service charge.
手数料がかかりますよ。

▶▶▶きちんと伝わる**POINT!**
remit は「送金する」の意味です。remit の代わりに、send や transferを用いることもできます。service charge は「手数料」の意味です。

❼ 定期預金を解約する

I'd like to withdraw **my** certificate of deposit.
定期預金からお金を下ろしたいのですが。

But it hasn't matured **yet. Is that all right?**
でもまだ満期になっていませんよ。それでもよろしいですか。

▶▶▶きちんと伝わるPOINT!
withdraw は「引き出す」の意味。反対は deposit（預金する）。
certificate of deposit とは「譲渡性預金証書」（= CD）で、日本の「定期預金」
に相当します。mature は「満期になる」の意味です。

❽ 切手を購入する

Five 42-cent stamps, please.
42セント切手を5枚ください。

Okay. That'll be $2.10.
わかりました。2ドル10セントになります。

▶▶▶きちんと伝わるPOINT!
「27 セント切手を 3 枚と 42 セント切手を 2 枚ください」であれば、
Three 27-cent stamps and two 42-cent stamps, please. と言えばいい
ですね。

⑨ 小包の送料を尋ねる

What's the postage for this package?
この小包の送料はいくらでしょうか。

Put it on here. Let's see how much it weighs.
ここへ置いてください。重さを計ってみましょう。

▶▶▶きちんと伝わるPOINT!
What's the postage for this package? の代わりに、How much is the postage for this package? と言っても OK です。weigh は動詞で「〜の重さがある」の意味です。名詞は weight（重さ）です。

⑩ 小包に保険をかける

I'd like to insure this package.
この小包に保険をかけたいのですが。

What are the contents, sir?
中身は何ですか。

▶▶▶きちんと伝わるPOINT!
insure は「〜に保険をかける」の意味の動詞です。package（小包）は parcel と同じ意味の語です。contents は「中身、内容」の意味です。

超定番フレーズ

1 What's the exchange rate today?

（今日の交換レートはいくらですか）

2 What are the interest rates?

（金利はどのくらいですか）

3 I'd like to get a loan.

（ローンを利用したいのですが）

4 How long will it take to get to Japan?

（日本へはどのくらいで着きますか）

5 I'd like to send this parcel by airmail.

（この小包を航空便で送りたいのですが）

Scene 15 見知らぬ人との会話

❶ 駅へはどう行けばいいですか？

Excuse me.
Could you tell me the way to the station?

すみません。駅への道を教えてもらえますか。

Sure.
You just go straight for about ten minutes.

いいですよ。この道を10分ほどまっすぐに行くだけです。

▶▶▶きちんと伝わる**POINT!**

「教えて」という日本語に引きずられて、tell を teach にしてはダメですよ。Could you tell me the way to the station? の代わりに、**Could you tell me how to get to the station?** と言っても OK です。

❷ この辺のことはわかりません

Pardon me, do you happen to know where city hall is?

すみませんが、市役所がどこにあるかご存知でしょうか。

Sorry, I don't know.
I'm a stranger here myself.

残念ですが、知らないんですよ。私もこの辺りは不案内なんです。

▶▶▶きちんと伝わる**POINT!**

Pardon me, 〜は「失礼ですが」（= Excuse me, 〜）、happen to do は「ひょっとして〜する」の意味です。I'm a stranger here myself. は「私もこの辺りは不案内でして」の意味の決まり文句です。

ここで紹介するのは、道を尋ねる時の表現など、旅行先だけでなく、国内で困っている外国の人を相手にぜひ使いたいものばかりです。

③ 迷ってしまいました

I'm lost. Can you help me?

道に迷ってしまいました。助けていただけますか。

Where are you heading?

どちらに行こうとなさっているんですか。

▶▶▶ きちんと伝わる**POINT!**

Where are you heading? は「どちらに向かっていますか」の意味。「ここはどこですか」も覚えておきましょう。Where is this? でも Where is here? でもないですよ。正しくは **Where am I?** です。

④ ここからどのくらいの距離ですか？

Excuse me, but how far is it from here to Central Park?

すみませんが、ここからセントラルパークまでどのくらいの距離ですか。

Only two miles. It's within walking distance.

ほんの2マイルですよ。歩いて行ける距離です。

▶▶▶ きちんと伝わる**POINT!**

How far is it from A to B?（AからBまでどれくらいの距離がありますか）は重要な英文パターンです。It's within walking [driving] distance.（ここは歩いて [車で] 行ける距離です）も重要です。

❺ 公衆電話はありませんか？

Excuse me, is there a pay phone around here?

すみません、この辺りに公衆電話はありますか。

Yes, there's one around the corner.

はい、角を曲がったところにあります。

▶▶▶きちんと伝わるPOINT!

pay phone は「公衆電話」（= public phone）のことです。around here の代わりに、near here を用いることも可能です。there is one の one は、a pay phone のことを指しています。

❻ 今何時ですか？

Excuse me, Miss. Do you have the time?

すみません、お嬢さん。今何時かわかりますか。

Yes, it's quarter to three.

はい、3時15分前（2時45分）です。

▶▶▶きちんと伝わるPOINT!

Miss は「お嬢さん」と言う呼びかけです。Do you have the time? の代わりに、**What time do you have?** や **What time have you got?** と言うことも可能です。to は、before に変えても OK です。

❼ もしかして〜さんですか？

Would you be Mr. Wilson by any chance?
もしかしてウィルソンさんではありませんか。

No, sorry. I'm not.
いいえ、あいにくですが。違いますよ。

▶▶▶きちんと伝わるPOINT!
by any chance は「もしかして」の意味。ここは、**Would you happen to be Mr. Wilson?** や **Are you, by any chance, Mr. Wilson?** や **I was just wondering, are you Mr. Wilson?** と言っても OK です。

❽ この席、空いてますか？

Is someone sitting here?
この席は空いていますか。

No, go ahead.
はい、どうぞ。

▶▶▶きちんと伝わるPOINT!
Is someone sitting here? の someone の代わりに anyone を用いることも可能です。また、同じことを **Is this seat taken?** や **Is this seat occupied?** でも表現できます。

⑨ 席をつめてもらえますか？

Could you make room for me?
席をつめていただけますか。

Yes, of course.
はい、もちろんです。

▶▶▶きちんと伝わるPOINT!
make room for 〜は「〜のために場所を空ける」の意味です。「席をつめていただけますか」は、**Could you move [scoot/ slide] over?** と表現することもできます。

⑩ これ、落としませんでした？

I beg your pardon, but did you drop this scarf?
失礼ですが、このスカーフを落としませんでしたか。

Why yes, I did. Thank you so much.
おや、そうですね。どうもありがとうございます。

▶▶▶きちんと伝わるPOINT!
I beg your pardon, but 〜は、Excuse me, but 〜よりもていねいな言い方です。目の前の人が何を落としたか定かでない時は、**You dropped something.（何か落とされましたよ）**と言っても OK です。

超定番フレーズ

1 Do you need any help?

(何か助けを必要とされていますか／どうなさいました)

2 It's right next to the post office.

(それは郵便局のすぐ隣にあります)

3 I'm going in the same direction.

(私も同じ方向に行くところです)

4 You can't miss it.

(見逃すことはないでしょう／すぐにわかりますよ)

5 Could you say that again?

(もう一度言っていただけますか)

日本でも田舎へ行けば、見知らぬ人同士が通りで「こんにちは」とあいさつをし合ったり、時にはたわいもない世間話を始めたりします。でも、都会ではそんな和やかな光景を目にすることはほとんどありませんよね。特に日本人は赤の他人に対してはムッツリ、無愛想な人が多いようです。しかし、アメリカでは、ところかまわず誰にでも笑顔で**"Hi."**とあいさつをする人がたくさんいます。見知らぬ人に堂々と話しかけてよいわけです。

　「あいさつは心と心の潤滑油」ですからね。

第**4**章

ライフスタイル

身近な人とより親しくなるには、相手の興味のあることを聞くのが1番です。スポーツ、健康など人によって関心は異なりますから、いろいろな場面に合わせて適切なフレーズを使いこなせるようにしましょう。

❶ ご趣味は？(特殊なもの)

Do you have any hobbies?
何か趣味をお持ちですか。

**Yes, my hobby is making sculptures.
Those are my works over there.**
はい、私の趣味は彫刻を作ることです。あそこにあるのは私の作品です。

▶▶▶きちんと伝わるPOINT!
a hobby ではなく、any hobbies となっているのは、相手の「趣味」を 1 つと限定しないためです。同様に、What is your hobby? よりも **What are your hobbies?** のほうがよいわけですね。

❷ 趣味は何？(暇つぶし系)

What's your favorite pastime?
あなたの趣味は何ですか。

I like sports of all kinds. My interests also include reading and playing the guitar.
あらゆるスポーツが好きです。さらに読書やギターを弾くことにも興味があります。

▶▶▶きちんと伝わるPOINT!
What's your favorite pastime? を、ここでは「あなたの趣味は何ですか」と意訳しておきましたが、厳密には「あなたのお気に入りの気晴らしは何ですか」という意味です。

ある程度仲良くなった人とは、ぜひ趣味の話を
してみましょう。誰だって自分の好きなことを
聞いてもらうのは嬉しいものです。

③ どんなことをするのが好きですか？

What kinds of things do you like to do?
どんなことをするのがお好きですか。

I like to travel, especially overseas.
旅行が好きです、特に海外旅行が。

▶▶▶ きちんと伝わる**POINT!**

What kinds of things do you like to do? も相手の興味・関心について尋
ねる表現です。これも日本人が言うところの「どんな趣味をお持ちですか」
に近い表現と言えます。

④ 週末はいつも何をしてますか？

How do you normally spend your weekends?
週末はいつもどのように過ごされていますか。

Well, that depends. I have many interests.
まあ、時と場合によりますね。いろいろなことに興味がありますから。

▶▶▶ きちんと伝わる**POINT!**

That [It] depends. は「時と場合によります」「ケースバイケースです」の
意味の決まり文句。**Variety is the spice of life.（変化は人生のスパイスだ）**
ということわざも覚えておくといいですよ。

115

⑤ 暇な時はどうしてますか？

What do you do in your free time?
暇な時には何をしていますか。

I usually watch DVDs.
たいていDVDを見ています。

▶▶▶ きちんと伝わるPOINT!
What do you do in your free time? の代わりに、**How do you like to spend your free time?** と聞いても OK です。どちらも相手の興味・娯楽について尋ねる質問文です。

⑥ 最近、はまっているのは？

What are you into in particular these days?
近ごろは特に何に凝っているのですか。

Right now, I'm into making my own website.
今は、自分のホームページ作りにはまっています。

▶▶▶ きちんと伝わるPOINT!
What are you into? は「あなたは何に凝って [はまって・熱中して] いますか」の意味です。この場合の前置詞 into は「〜に夢中で、〜が大好きで」の意味を表します。in particular は「特に」の意味です。

❼ 一番好きな歌手は？

I enjoy listening to popular music in my free time.

暇な時にはポピュラー音楽を聞くのが好きです。

Who's your favorite singer?

一番好きな歌手は誰ですか。

▶▶▶きちんと伝わる**POINT!**

enjoy は目的語として動名詞のみを取る動詞です。in one's free time は「暇な時に」の意味でしたね。favorite は「最も好きな、一番お気に入りの」の意味なので、直前に most を入れる必要はありません。

❽ どんな映画が好きですか？

I love watching movies a lot.

私は映画を見るのが大好きです。

What is your favorite movie genre?

映画はどんなジャンルがお好きですか。

▶▶▶きちんと伝わる**POINT!**

日本語の「ジャンル」は英語では、genre [ʒáːŋrə] と言います。favorite movie genre の代わりに、**favorite movie type** や **favorite kind [type] of movie** と言うこともできます。

⑨ 読書好きな人への質問

Can you recommend any of the books you've read lately?

最近、君が読んだ本をどれか推薦してもらえるかい？

How about "Sunset" by Karen Kingsbury? I found it very interesting and touching.

カレン・キングズベリーの『サンセット』はどう？ 実に面白くて感動的だったわよ。

▶▶▶きちんと伝わる**POINT!**

recommend は「推薦する」の意味。I found it very interesting and touching. は、〈SVOC〉の文型ですね。touching は「感動的な、ジーンとくる」の意味です。

⑩ 模型作りが好きな人への質問

Did you make this model yacht all by yourself?

この模型ヨットは全部自分で作ったのですか。

Yes, I did. It took me almost half a year.

はい、そうです。約半年かかりました。

▶▶▶きちんと伝わる**POINT!**

yacht [ját] の発音に注意しましょう。by yourself の代わりに、on your own と言っても OK です。half a year は「半年」のことですね。

超定番フレーズ

1 I enjoy quilting and gardening.

（私はキルティングとガーデニングが好きです）

2 Are you good at cooking?

（あなたは料理が得意ですか）

3 My interests include jogging, cycling, and skating.

（私の趣味はジョギング、サイクリング、スケートです）

4 What triggered your interest in painting?

（絵画に興味を持つようになったきっかけは何ですか）

5 What kind of music do you listen to?

（どんな種類の音楽を聞きますか）

Scene 17 スポーツ

1 何かスポーツしてますか?

Do you participate in any sports?
何かスポーツをしてますか。

I used to play tennis a lot, but I don't lately.
以前はよくテニスをしていましたが、最近はやっていません。

▶▶▶きちんと伝わるPOINT!

participate in ～は「～に参加する」の意味。Do you participate in any sports? の代わりに、Do you do any sports? と言うこともできます。used to do は「以前はよく～したものだ」の意味です。

2 ゴルフはしますか?

Do you play golf?
ゴルフをなさいますか。

Yes. In fact, my wife and I played golf just yesterday.
はい。実は、妻と一緒につい昨日プレーしたばかりです。

▶▶▶きちんと伝わるPOINT!

in fact は「実は」の意味です。「ゴルフをする」は play golf と言います。go golfing (ゴルフに行く) も一緒に覚えておきましょう。

欧米人はたいてい、かなりのスポーツ好きです。こちらからスポーツの話題を切り出せば、きっと目を輝かせてあれこれ話してくれますよ。

③ 〜時代は〜部でした

I was on a volleyball team when I was in high school.

高校時代はバレーボール部に入っていました。

Were you? Do you still play now?

そうだったんですか。今もプレーすることはありますか。

▶▶▶きちんと伝わる**POINT!**

「〜部に所属している」は、be on a 〜 team という表現がとても便利です。volleyball [vɑ́libɔːl] は発音に注意しましょう。踊るほうの「バレー」は ballet [bǽlei] ですよ。

④ 最近〜（スポーツ）を始めました

I've taken up tennis recently.

最近、私テニスを始めたのよ。

Really? Then, let's play together one of these days.

本当？ じゃあ、近いうちに一緒にやろうよ。

▶▶▶きちんと伝わる**POINT!**

take up 〜は「（新しい趣味・スポーツを）始める」の意味です。one of these days は「近いうちに、そのうちに」の意味です。

⑤ 武道はしますか？

Do you practice any martial arts?
何か武道をやっておられるのですか。

Yes, karate, ever since I was 10 years old. I have a third-degree black belt.
はい、空手を10歳の時からずっとやっています。三段を持っています。

▶▶▶きちんと伝わる**POINT!**
martial arts は「武道」の意味。「武道をする」場合の動詞は practice や do を用います。black belt は「黒帯」の意味なので、「三段」であれば third-degree black belt と言えばよいわけです。

⑥ ボウリングの最高スコアは？

What's your best score in bowling ever?
あなたのボウリングのこれまでの最高スコアは何点ですか。

Two years ago I bowled 181.
2年前に取った181点です。

▶▶▶きちんと伝わる**POINT!**
他動詞の bowl には「ボウリングで〜点を取る」の意味があります。「ボウリングに行く」は go bowling と言います。go fishing、go skiing、go skating、go surfing などと同じ用例ですね。

国技は何ですか？

What are the national sports in America?
アメリカの国技は何ですか。

They are baseball, basketball, football, and ice hockey.
野球、バスケットボール、アメリカンフットボール、アイスホッケーです。

▶▶▶きちんと伝わる**POINT!**

national sport は「国技」の意味。日本の国技については、**In Japan, sumo, judo, kendo, and karate are national sports.（日本では相撲、柔道、剣道、空手が国技です）**と答えてはどうでしょうか。

⑧ いまのバッターは誰？

Who is at bat now?
バッターはいま誰？

Our hero, Shohei Otani is.
我らがヒーロー、大谷翔平だよ。

▶▶▶きちんと伝わる**POINT!**

at bat は「打席について」の意味です。**give up a walk（フォアボールを与える）**、**get struck out（三振する）**、**hit a single（一塁打を打つ）**、**steal a base（盗塁する）**も覚えておきましょう。

⑨ また負けちゃった…

The Tigers have been beaten again by the Giants.
タイガースがジャイアンツにまた負けたわよ。

Have they? Oh well, it happens sometimes.
本当に？　まっ、仕方ないよ、時にはそんなこともあるさ。

▶▶▶きちんと伝わるPOINT!
「タイガース」や「ジャイアンツ」のようなチーム名は、必ず〈the ＋複数名詞〉となります。beat は「打ち負かす」の意味です。Oh well（まっ、仕方ないか）はあきらめの気持ちを表す表現です。

⑩ キャッチボールをしよう

Jack, let's play catch to warm up.
ジャック、ウォーミングアップとしてキャッチボールしようよ。

Roger. Do you have a ball?
了解。ボールは持ってる？

▶▶▶きちんと伝わるPOINT!
「キャッチボールをする」は、play catch と言います。warm up は「ウォーミングアップをする」の意味です。名詞の「ウォーミングアップ」は、warm-up と言います。warming-up とは言いません。

超定番フレーズ

1 **What kind of sports do you like?**

（どんなスポーツがお好きですか）

2 **How often do you play golf?**

（ゴルフはどのくらい頻繁にするのですか）

3 **What's the score?**

（スコアはどうなっていますか）

4 **Who is winning?**

（どっちが勝っていますか）

5 **He is very athletic.**

（彼は運動神経が優れています）

Scene 18 レジャー・娯楽

❶ 雨が降らないといいな

I hope it doesn't rain tomorrow.
明日は雨が降らなければいいんだけど。

You said it. I'm very much looking forward to our picnic.
本当ね。ピクニック、すごく楽しみだわ。

▶▶▶きちんと伝わるPOINT!
You said it.（まったくその通りだ、本当にそうだね）は、You can say that again. や I'll say. と同じ意味の決まり文句です。look forward to ～ は「～を楽しみに待つ」の意味でしたね。

❷ ～にもってこいの季節

Now's a great season for hiking, isn't it?
今はハイキングにもってこいの季節ね。

How about if we go on a hike to Nittany Mountain this Saturday?
今週の土曜日、ニタニー山にハイキングっていうのはどう？

▶▶▶きちんと伝わるPOINT!
How about if ～（～してはどう？）は、提案・誘いを表す表現です。How about -ing の形を用いて、How about going on a hike ～ ? と言ってもOK です。go on a hike は「ハイキングをする」の意味です。

キャンプや映画、遊園地などを仲間で一緒に
楽しめば、きっと会話もはずむことでしょう。
そんなときに役立つ表現を紹介します。

❸ バーベキューをしたい気分

I feel like having a barbecue somewhere this weekend.

今週末、どこかでバーベキューをしたい気分だなあ。

Cool. Let's go to Como Park and have it there.

いいわね。コモ公園に行って、そこでやりましょうよ。

▶▶▶ きちんと伝わるPOINT!

〈feel like -ing〉は「～したい気がする」の意味。I feel like having a barbecue の代わりに、I'm up for having a barbecue と言うことも可能です。cool（素晴らしい、イケてる）は主に若者が用います。

❹ 食事の用意を始めよう（キャンプ地で）

First of all, shall we start fixing the meal?

まずは、食事の用意から始めましょうか。

Yes, let's. On second thought, let's pitch our tent before we do that.

うん、そうしよう。やっぱり、その前に私たちのテントを張ろう。

▶▶▶ きちんと伝わるPOINT!

first of all は「まず第一に」、fix a meal は「食事を作る」の意味です。on second thought は「考え直して、やっぱり」の意味。「テントを張る」は pitch a tent のほか、**put up a tent** とも言います。

❺ 遊園地に連れて行ってよ

Dad, please take us to the amusement park tomorrow.

お父さん、明日私たちを遊園地に連れて行って。

Again? We just went there last week.

またかい？　先週行ったばかりじゃないか。

▶▶▶きちんと伝わるPOINT!

amusement park は「遊園地」の意味です。遊園地には、**merry-go-round（メリーゴーランド）**、**Ferris wheel（観覧車）**、**roller coaster（ジェットコースター）**などがあって楽しいですよね。

❻ 野球を見に行かない？

What do you say to taking in a ballgame next Saturday?

来週の土曜日に野球の試合を見にいかない？

Why not? Sounds like a lot of fun.

いいわよ。とても楽しそうね

▶▶▶きちんと伝わるPOINT!

What do you say to -ing?（〜はいかがですか）は勧誘を表す表現です。**What do you say if we take in a ballgame next Saturday?** と言ってもOK です。take in 〜は「〜を見に行く」の意味です。

❼ 見逃しちゃダメ！

The Picasso exhibition is on at the Metropolitan Museum. You shouldn't miss it.

ピカソ展をメトロポリタン博物館でやってるの。見逃しちゃダメよ。

Well, I'm not really interested in art.

いやあ、僕は芸術にはあまり興味ないんだ。

▶▶▶きちんと伝わる**POINT!**

パブロ・ピカソ（Pablo Picasso）の exhibition「展示会」です。miss は「見逃す」の意味。映画の予告編でも、**Don't miss it!（お見逃しなく！乞うご期待！）**と言う決まり文句が出てきますよね。

❽ 素晴らしい劇でした

Yesterday's play was quite amazing.

昨日の劇は本当に素晴らしかったわ。

You really like Shakespeare's works, don't you?

君は本当にシェイクスピアの作品が好きなんだね。

▶▶▶きちんと伝わる**POINT!**

amazing は「驚くべき、素晴らしい」の意味。聖歌 229 番の Amazing Grace はあまりにも有名です。William Shakespeare の四大悲劇とは？【答】『ハムレット』『オセロー』『リア王』『マクベス』

第**4**章 ライフスタイル

⑨ 今やっている映画は何？

What's showing at the movie theater now?

今映画館では何を上映してるの？

**I'm not really sure.
Why don't you check the paper?**

よくわからないわ。新聞でチェックしてみたらどう？

▶▶▶きちんと伝わるPOINT!

What's showing? は「（映画館、劇場などで）今何をやっていますか」の
意味の決まり文句です。この場合の paper は「新聞」（= newspaper）の
意味を表します。

⑩ 映画が割引になる時間帯は？

When is the discount time for the movie?

映画の割引時間っていつ？

Anytime before 4:30 p.m.

午後4時30分までならいつでもよ。

▶▶▶きちんと伝わるPOINT!

アメリカの映画館では、誰にでも適応される割引時間（discount time）の
ほかに、小人割引、学生割引、高齢者割引など、いろいろな割引があります。

超定番フレーズ

1 **We're going camping over the weekend.**

(私たちは週末にかけてキャンプに行きます)

2 **He is into mountain climbing.**

(彼は山登りに夢中になっています)

3 **Who's playing who in the game?**

(その試合はどことどこが対戦するのですか)

4 **Who starred in the movie?**

(その映画では誰が主演でしたか)

5 **How long is the wait?**

(待ち時間はどのくらいですか)

Scene 19 健康

❶ 太ったかも…

I think I've put on weight lately.
最近、太った感じがするなあ。

Why not exercise more?
もっと運動すればどう？

▶▶▶きちんと伝わる**POINT!**
put on weightは「体重が増える、太る」の意味。〈Why not＋動詞の原形?〉は助言・提案を表す表現で「～してみたらどう？」の意味です。Why don't you ～? の短縮形と考えるとよいでしょう。

❷ ジャンクフードは体に悪い

Don't you think you eat too much junk food?
あなた、ジャンクフードの食べ過ぎだとは思わない？

**I know it's bad for me,
but I just can't give it up.**
体に悪いとはわかってるんだけど、どうしてもやめられないんだよね。

▶▶▶きちんと伝わる**POINT!**
ほとんどの日本人は it's bad for me の部分を it's bad for my health と言いがちですが、ネイティブはそのような直訳は避け、it's bad for me を用いるのが普通です。

ジョギング、ダイエット、サプリメントなど、
日本でも使われている外来語には注意が必要。
きちんと発音しないと通じませんよ。

❸ スポーツクラブへ通う頻度

Jim, how often do you go to the gym?

ジム、スポーツクラブにはどのくらい通ってるの？

Right now, maybe twice a week.

今は週に2回ってところかな。

▶▶▶きちんと伝わる**POINT!**

how often は「どのくらいの頻度で、どのくらいの間隔で」の意味で、頻度を問う質問に用います。Jim と gym（スポーツクラブ）の発音は同じですよ。

❹ 筋力トレーニングの成果が出た

I can tell your muscles are getting pumped up.

あなたの筋肉がどんどん盛り上がってきてるのが見てわかるわ。

My workouts are paying off, you know.

トレーニングの成果が出てきたってわけだよ。

▶▶▶きちんと伝わる**POINT!**

muscle は「筋肉」、get pumped up は「（筋肉が）盛り上がる、鍛え上げられる」の意味です。workout は「（ジムでの）トレーニング」、pay off は「報われる、功を奏する」の意味です。

⑤ 体重がぜんぜん減らない

It's been a month since I started jogging. But I haven't lost any weight yet.

ジョギングを始めて1カ月。でも、ぜんぜん体重が減らないんだよね。

Have your eating habits changed?

食習慣は変えたの？

▶▶▶ きちんと伝わるPOINT!

lose weight は「減量する」の意味です。反対は、**put on weight（= gain weight）** でしたね。eating habits は「食習慣、食生活」の意味です。

⑥ 健康の秘訣は？

What do you do to keep fit?

健康を保つために何をやっていますか。

Walk everyday, and drink plenty of water. That's about all I do.

毎日歩くことと水をたっぷり飲むこと。
私がやっていることと言ったらそれくらいのものです。

▶▶▶ きちんと伝わるPOINT!

keep fit（= stay fit）は「健康を維持する、体調を保つ」の意味です。
plenty of ～は「たくさんの～、多数の～」の意味で、～の部分には可算名詞・
不可算名詞の両方を置くことができます。

❼ 脂肪分と砂糖を減らしたらどう?

It's better for you to cut down on fat and sugar.

君は脂肪分と砂糖の摂取を減らした方がいいよ。

You should talk.

そんなことよく言えるわね。

▶▶▶ きちんと伝わる**POINT!**

cut down on 〜は「〜を減らす」。You should talk. は「よくそんなこと言えるね、君には言われたくないね」の意味の決まり文句。**Look who's talking.** や **How can you say that?** と同じ意味です。

❽ サプリメントを飲んでる?

Sandra, do you take any supplements?

サンドラ、サプリメントは何か取ってる?

Uh-huh. I take a daily vitamin.

うん。1日1回飲むビタミン剤をね。

▶▶▶ きちんと伝わる**POINT!**

supplementは「栄養補助食品」の意味です。間投詞のUh-huh (=Um-hum) は同意・肯定を表し、「うん、はい」の意味です。vitamin [váitəmin] (ビタミン) の発音に注意しましょう。

⑨ カイロ(プラクティック)に行ったことは?

Jesse, have you ever been to a chiropractor?
ジェシー、カイロに行ったことある?

Never in my life. What's it like?
生まれてこの方一度もないよ。それってどんな感じなの?

▶▶▶きちんと伝わるPOINT!
chiropractor の発音は [kàirəprǽktər] です。Have you ever been to ～ ?(～に行ったことはありますか)は極めて重要な英文パターンです。What's ～ like?(～はどんな感じですか)も重要ですね。

⑩ タバコやめたんだってね

I heard that you've quit smoking just recently.
つい最近タバコをやめたそうね。

Yeah, unbelievable, huh?
I finally quit after 20 years.
うん、信じられないだろ? 20年してやっとやめたんだ。

▶▶▶きちんと伝わるPOINT!
quit は目的語として動名詞のみを取る動詞です。unbelievable は「信じられない、驚くべき」の意味です。20 years の後には of smoking が省略されていると考えてください。

超定番フレーズ

1 I'm on a diet.

（私はダイエット中です）

2 I walk my dog every day.

（毎日犬の散歩をしています）

3 You should get a good night's sleep.

（十分睡眠をとったほうがいいですよ）

4 Aerobic exercise really works.

（有酸素運動は本当に効果があります）

5 You should drink plenty of water.

（水をたくさん飲むといいですよ）

① どうしたの？

What's wrong, Fred? You look kind of pale.
どうしたの、フレッド？ 少し顔色が悪いわよ。

Yeah. I'm feeling a little under the weather.
うん。少し調子が悪いんだ。

▶▶▶きちんと伝わるPOINT!
What's wrong (with you)? は「どこか具合が悪いのですか」の意味。
What's the matter (with you)? と同じです。kind of は「ちょっと」、
under the weather は「具合がよくない」の意味です。

② 医者へは行ったの？

Have you seen a doctor, Carol?
お医者さんに診てもらった、キャロル？

Yes, I went yesterday.
ええ、昨日行ったの。

▶▶▶きちんと伝わるPOINT!
I went の後には、to the doctor が省略されていると考えるとよいでしょう。
「医者に診てもらう」は、see a doctor や go to the doctor が最も頻繁に
用いられます。

旅行中など、いつもと異なる環境にいる時に
かぎって体調を崩しやすいものです。医師に症状を
きちんと説明できれば安心ですよね。

③ すっかり治りました

**Last week I was down with the flu,
but now I'm completely over it.**

先週はインフルエンザで寝込んでいたんですけど、もうすっかり治りました。

Well, that's good to hear.

いやあ、それを聞いて安心しましたよ。

be down with ～は「(病気) で寝込む」の意味。～の部分には、a fever
(発熱) や a cold (風邪) などが来ます。I'm completely over it. は「す
っかり治りました」の意味です。

④ ずっと下痢なんです

What seems to be the problem?

どうしましたか。

I've had diarrhea for three days.

ここ3日間、下痢が続いているんです。

▶▶▶きちんと伝わるPOINT!

What seems to be the problem? の代わりに、**What's troubling you?**
と聞かれることもあります。diarrhea [dàiərí:ə] は「下痢」の意味。この
患者さんの名前は、たぶん Gary さんでしょう…。

⑤ キリキリと痛む

I have a sharp pain in my stomach.
お腹がキリキリ痛みます。

How long have you had this pain?
この痛みはどれくらい続いているのですか。

▶▶▶ きちんと伝わる **POINT!**
sharp pain は「鋭い痛み、キリキリする痛み」のことです。ネイティブ
の会話では、sharp pain の 2 つの p のうち前の p の音が脱落するため、
「シャーペイン」のように発音されます。

⑥ 体温を測りましょう

Let me take your temperature now.
体温を測らせてください。

This is a digital thermometer, isn't it?
これはデジタルの体温計ですね。

▶▶▶ きちんと伝わる **POINT!**
看護師が患者の体温を測るシーンです。take one's temperature は「体
温を測る」の意味。thermometer は「体温計」です。

⑦ 妊娠検査の結果

Ms. Clark, your pregnancy test was positive. Congratulations!

クラークさん、妊娠検査で陽性の結果が出ました。おめでとうございます。

Really? I'm pregnant? I'm so happy.

本当ですか。私が妊娠？とてもうれしいです。

▶▶▶きちんと伝わる**POINT!**

pregnancy test とは「妊娠検査」のことで、**positive（陽性）** が出れば妊娠している、**negative（陰性）** が出れば妊娠していないことが判明します。

⑧ 痛む歯の場所を告げる

Where does it hurt?

どの辺が痛みますか。

The lower back tooth on the right.

右の下の奥歯です。

▶▶▶きちんと伝わる**POINT!**

歯科医院（dentist's office）での会話です。どうやらこの男性、**虫歯（cavity）** があるようですね。この際、**wisdom tooth（親知らず）** と **double tooth（八重歯）** も覚えておきましょう。

⑨ 薬をもらう(処方箋を渡す)

I would like you to fill this prescription.
この処方箋の薬を調合していただきたいのですが。

OK. It'll take about 15 minutes.
わかりました。15分くらいお待ちください。

▶▶▶きちんと伝わる**POINT!**
薬局(pharmacy)での会話です。prescription は「処方箋」の意味。I would like you to fill this prescription. = **Could you fill this prescription, please?** = **Can I get this prescription filled?**

⑩ 薬の服用頻度を尋ねる

How often should I take this?
これをどのくらい服用するのですか。

Three times a day.
Take two tablets after each meal.
1日3回です。食後に2錠ずつ飲んでください。

▶▶▶きちんと伝わる**POINT!**
これも薬局での会話です。tablet は「錠剤」のことです。「錠剤」に、pill という語を用いることもあります。

超定番フレーズ

1 Can you describe the symptoms?

（どのような症状がありますか）

2 I have a sore throat.

（のどが痛いんです）

3 I have a runny nose.

（鼻水が出ます）

4 I feel nauseous.

（吐き気がします）

5 I have a toothache.

（歯が痛みます）

❶ 何のテレビ番組？

What's on TV now?

今テレビ何やってるの？

The 6 o'clock news. Come and sit here, and watch it with me.

6時のニュースだよ。こっちに来て、一緒に見ようよ。

▶▶▶きちんと伝わるPOINT!

What's on TV now? は「今テレビは何やってるの？」の意味です。これを応用すれば、**What's on TV tonight?** や **What's on Channel 5?** や **What's on at the movie theater?** も言えますね。

❷ もう1時間、テレビを見させて

David, please let me watch TV for another hour.

デイヴィッド、もう1時間テレビを見させてよ。

What? Give me a break! That's not fair, Sarah.

えっ？ いい加減にしてよ。ずるいよ、サラ。

▶▶▶きちんと伝わるPOINT!

for another hour は「さらに1時間」の意味。Give me a break! は「いいかげんにしろ！」、That's not fair. は「ずるいぞ、卑怯だぞ」の意味の決まり文句です。No fair! とするとより口語的です。

自分の家族を相手に英語で話す練習をしたり、
海外ホームドラマの役を演じるような気持ちで
練習してみましょう。

③ まだ宿題やってるの？

Still working on your homework?

まだ宿題やってるの？

You bet. I could use your help.

その通り。手伝って欲しいくらいだよ。

▶▶▶きちんと伝わる**POINT!**

You bet. は「その通り」の意味。I could use your help. の could use は
「〜をもらえるとありがたい」の意味を表します。例：I could use some
coffee.（コーヒーを少し飲みたいところだ）

④ そろそろ〜の時間ですよ

Are you still playing video games?
It's time to quit and go play outside.

まだゲームやってるの？ そろそろやめて、外で遊んで来なさい。

But it's still raining hard.

でも、まだ雨が激しく降ってるじゃない。

▶▶▶きちんと伝わる**POINT!**

It's time to do は「〜する時ですよ、〜する時が来ましたよ」の意味の重
要構文です。go play outside は、go and play outside または go to play
outside のくだけた表現と考えてください。

145

⑤ シャワーを浴びる

Mom, where is Amy?
お母さん、エイミーはどこ？

She's taking a shower.
シャワーを浴びてるわよ。

▶▶▶きちんと伝わる**POINT!**
「シャワーを浴びる」は take a shower と言います。「風呂に入る」も動詞 take を用いて、take a bath でしたね。

⑥ テニスをしに行かない？

Dad, how about we go and play some tennis this afternoon?
お父さん、今日の午後テニスをしに行かない？

Okey-doke. I'm all for that.
オッケー。大賛成だね。

▶▶▶きちんと伝わる**POINT!**
okey-doke（= okey-dokey）は、okay のインフォーマルな語です。I'm all for it [that]. は「私はそれに大賛成です」の意味。for（〜に賛成して）は、against（〜に反対して）の反意語です。

⑦ お父さんに聞いてみたら?

Why don't you ask Dad if you can buy a car?
お父さんに車を買ってもいいか聞いてみたらどう?

But, Mom, what if he says no?
でもお母さん、もしダメって言われたらどうするの?

▶▶▶ きちんと伝わる**POINT!**
Why don't you ~ ? は「~したらどう?」の意味でしたね。if you can buy ~の if は「~かどうか」(= whether) の意味です。What if ~ ? は「もし~だったらどうなるか」の意味の重要構文です。

⑧ 子どもをしかる時の決まり文句

Mom, I'd like some ice cream before dinner.
お母さん、夕食の前にアイスクリームを少し食べたいよ。

Harry, you should know better.
ハリー、ばか言ってんじゃないわよ。

▶▶▶ きちんと伝わる**POINT!**
You should know better. は「もっと分別があってもいいんじゃないか、あなたはそんなばかじゃないでしょ」の意味の決まり文句です。特に親が子供をしかったり、注意したりする時に用います。

⑨ お世辞を言っても何も出ないよ

Mom, you look stunning in that dress. It makes you look young.

お母さん、そのドレスを着てるとすごくきれいだよ。若く見えるし。

Keith, flattery won't get you anywhere. What's this all about?

キース、おだてたってムダよ。何をたくらんでるの？

▶▶▶きちんと伝わる**POINT!**

stunning は「驚くほど美しい」の意味です。Flattery won't get you anywhere.（お世辞を言っても何も出ないよ）の代わりに、**Flattery will get you nowhere.** と言うこともできます。

⑩ 疲れた…もう寝るよ

I'm exhausted. I'm ready to crash.

疲れた。もう寝るよ。

You brush your teeth before you go to bed then. Is that clear?

じゃあ、寝る前にちゃんと歯を磨いて。わかった？

▶▶▶きちんと伝わる**POINT!**

crash は「寝る」（= sleep）の意味です。Is that clear?（わかった？）の代わりに、**Got it?** や **You got me?** と言っても OK です。

超定番フレーズ
. . . .

1 I wish I were an only child.

(一人っ子だったらよかったのになあ)

2 Let's get a dog.

(犬を飼おうよ)

3 How many times do I have to tell you?

(何度言ったらわかるの？)

4 I'm so proud of you, son.

(さすがは俺の息子だな)

5 Can you give me a hand?

(ちょっと手を貸してくれる？)

❶ お付き合いの表現

You know, Larry has started dating again.
あのね、ラリーがまた付き合い始めたわよ。

Don't tell me he's seeing Doris.
まさかヤツがドリスと付き合ってるなんて言わないでくれよ。

▶▶▶きちんと伝わるPOINT!
Don't tell me ～は「まさか～じゃないだろうね」。ことわざの **Love is blind.（あばたもえくぼ）** も覚えておきましょう。ここでの see は他動詞で「～と付き合う」（= date）の意味を表します。

❷ 彼氏はいるの？

Do you have a boyfriend?
彼氏はいるの？

Not now. Why do you ask me?
今はいないけど。なんで私にそんなこと聞くの？

▶▶▶きちんと伝わるPOINT!
日本語では男性の友だちを「ボーイフレンド」と呼ぶことから、I have many boyfriends. と平気で言う人がいます。しかし、英語の boyfriend/girlfriend は「彼氏／彼女」の意味なので要注意です。

みなさん、やはり気になるのが恋愛に関する表現ではないでしょうか？ 恋の話に花が咲くのは万国共通ですね。

③ デートしようよ

I was wondering if we could go on a date this weekend.

今週末、デートしたいなあと思っていたんだけど。

You and me? Sure.

あなたと私が？ いいわよ。

▶▶▶ きちんと伝わる**POINT!**

go on a date は「デートする」の意味です。out を付けて、go out on a date とも言います。「～とデートする」と言う場合には、go (out) on a date with ～と表現します。

④ 両親に会ってよ

I'd like you to meet my parents.

私の両親に会って欲しいんだけど。

All right. That's fine with me.

いいよ。僕はかまわないよ。

▶▶▶ きちんと伝わる**POINT!**

That's fine with me. は「私はそれでけっこうです」の意味の決まり文句。fine の代わりに okay や all right を用いても OK。アメリカでは、彼氏／彼女を親に紹介するのはごく当たり前のことです。

⑤ あなたにはもったいない…

Don't you think Becky is the ideal girl?

ベッキーって理想的な女の子だと思わない？

You're telling me.
She might be too good for you.

まったくその通りよ。彼女はあなたにはもったいないかもね。

▶▶▶きちんと伝わるPOINT!
ideal は「理想的な」の意味です。You're telling me. は「まったくその通りだ、百も承知だ」の意味の決まり文句です。

⑥ デートに誘ったら？

Why don't you ask Joyce out?

あなた、ジョイスをデートに誘ったらどう？

No way, Jose. She isn't my type.

ありえない。彼女なんか、オレのタイプじゃないね。

▶▶▶きちんと伝わるPOINT!
ask ～ out は「～をデートに誘う」の意味です。No way, Jose. は「嫌なこった、とんでもない、ありえない」の意味の決まり文句です。Joseを取って、No way. と言っても OK です。

❼ 結婚してください

Will you marry me?
僕と結婚してくれる？

Certainly.
もちろんよ。

▶▶▶きちんと伝わる**POINT!**

Will you marry me? の marry は「〜と結婚する」の意味の他動詞です。不要な with を付け加えて、Will you marry with me? なんておかしな英語でプロポーズすれば、断られてしまうかもしれませんよ。

❽ プロポーズしたんだ

I popped the question to Jenny, and she accepted.
ジェニーにプロポーズしたら、彼女応じてくれたよ。

That's wonderful. When will you tie the knot?
それはよかったわね。結婚はいつするの？

▶▶▶きちんと伝わる**POINT!**

pop the question は「プロポーズする」の意味です。時に、**pop the big question** と言うこともあります。tie the knot は「結婚する」の意味です。日本語の「縁結び」に似ていて面白いですね。

Scene 22 男と女の会話

⑨ ～に結婚する予定

Chris and Tina are getting married in June.
クリスとティナは6月に結婚の予定だよ。

Oh, yeah? That's news to me.
えっ、そうなの？ それは初耳だわ。

▶▶▶きちんと伝わるPOINT!
get married は「結婚する」の意味です。That's news to me. は「それは初耳です」の意味の決まり文句です。

⑩ 妊娠何カ月なの？

How far along is Nancy in her pregnancy?
ナンシーは妊娠何カ月なの？

I guess she's about three months pregnant.
妊娠約3カ月だと思うけど。

▶▶▶きちんと伝わるPOINT!
How far along is Nancy in her pregnancy? は「ナンシーは妊娠何カ月ですか」の意味。in her pregnancy は省略可能です。**How many months pregnant is Nancy?** と言うこともできます。

超定番フレーズ

1 **They broke up.**

（彼らは別れました）

2 **How did you two meet?**

（お二人はどうやって知り合ったのですか）

3 **He's crazy about you.**

（彼は君に夢中です）

4 **What type of man do you like?**

（どんなタイプの男性が好きですか）

5 **I wouldn't date such a man.**

（私だったらそんな男性とは付き合わないわ）

自動車

① 何年型のモデル？

What year is this car?
この車は何年型モデルですか。

It's a 2006.
2006年型です。

▶▶▶きちんと伝わるPOINT!
2006 の直後には、car が省略されています。「この車はどこのメーカーの
ものですか」は、**What make is this car?** と言います。それに対する返
答は、It's a Honda.（ホンダです）と言います。

② 燃費はいいの？

Does your car get good mileage?
あなたの車は燃費はいいの？

Yeah, it does about 50 miles to the gallon.
うん、1ガロン当たりで約50マイル走るんだ。

▶▶▶きちんと伝わるPOINT!
(gas) mileage は「（車の）燃費効率」のことです。it does の does は
runs の意味で用いられています。1 ガロン＝約 3.8 リットル（米）＝約 4.5
リットル（英）。1 マイル＝約 1.6 キロメートル。

自動車に関するカタカナ語は日本語の中に
たくさんありますが、ほとんどが和製英語で
ネイティブには通じないので要注意です。

❸ エンストした

My car stalled again today.

今日また車がエンストしたよ。

It's about time to buy a new car. Don't you think?

そろそろ新車を買う頃ね。そう思わない？

▶▶▶きちんと伝わる**POINT!**

stall は「エンストする」の意味です。It's about time to do（そろそろ～
すべき時だ）を自由自在に使えるようにしておきましょう。

❹ パンクした

Looks like we've got a flat tire.

タイヤがパンクしたみたいね。

Good grief! We'll have to change it.

なんてこった。取り替えないといけないな。

▶▶▶きちんと伝わる**POINT!**

we've got は we have got（= we have）のことです。「パンクする」は、
have a flat tire や get a flat tire と言います。Good grief! は「やれやれ、
まいった、なんてこった」の意味です。

第**4**章 ライフスタイル

157

Scene 23 自動車

Download 69

⑤ エンジンから変な音が…

Listen. The engine is making a funny noise.
聞いて。エンジンがおかしな音を立ててるよ。

Right. Better take it to the garage.
そうね。修理工場に持って行ったほうがいいわね。

▶▶▶きちんと伝わる**POINT!**
make a funny noise は「おかしな音を立てる」の意味。make a loud [strange] noise(大きな[奇妙な]音を立てる)と同じ形です。ここでの garage[gərάːdʒ] は「車庫」ではなく「自動車修理工場」の意味です。

⑥ ガス欠になりそう

We're almost out of gas.
ほとんどガス欠状態だよ。

Let's pull into the next gas station we see.
次にガソリンスタンドを見たら、入りましょうよ。

▶▶▶きちんと伝わる**POINT!**
out of gas は「ガソリンが切れて、ガス欠で」の意味。人が疲れ切った時にも、**I'm out of gas.（もうへとへとだ）** と用いることのできる熟語です。pull into 〜は「(車で) 〜に入る」の意味です。

⑦ 渋滞に巻き込まれた

I was held up in a huge traffic jam.
ひどい交通渋滞に巻き込まれたんだ。

No wonder you're so late.
どうりでかなり遅れたわけね。

▶▶▶ きちんと伝わる**POINT!**

be held up in ～は「～に引っかかる、立ち往生する」の意味です。traffic jam は「交通渋滞」の意味。No wonder (that) ～は「どうりで～なわけだ、なるほど～なわけだ」の意味を表します。

⑧ スピード違反で捕まっちゃった

I was caught speeding on my way home last night.
昨夜帰宅途中にスピード違反で捕まったよ。

That's tough! How much did you get fined?
ついてないわねえ。いくら罰金を取られたの？

▶▶▶ きちんと伝わる**POINT!**

speeding は「スピード違反」の意味です。That's tough! は不運な目に遭った人に対して用いる決まり文句で「ついてないね、お気の毒に」の意味を表します。動詞の fine は「罰金を科す」の意味です。

⑨ シートベルトを締めてね

Has everyone put their seatbelts on?
みんなシートベルトを着けたかな？

Buckle up! It's the law.
シートベルト着用よ。法律なんだから。

▶▶▶きちんと伝わるPOINT!
Buckle up! は「シートベルトを締めなさい」の意味の決まり文句です。**Put on your seatbelt.** や **Fasten your seatbelt.** と同じ意味です。車に乗る時は、全員シートベルトを着用しましょう！

⑩ 飲んだら乗るな！

Shall we go for some drinks?
お酒を飲みに行かない？

Hey, Randy. Don't drink and drive.
ねえ、ランディー。飲んだら乗るなでしょ。

▶▶▶きちんと伝わるPOINT!
go for some drinks は「飲みに行く」の意味。Don't drink and drive. は「飲んだら乗るな」の意味の決まり文句。日本語につられて直訳調で If you drink, don't drive. なんて言わなくてもいいわけです。

第5章

ビジネス・学校生活

ビジネスや学校生活などの場面では、使われている表現もお決まりのものとなってくるでしょう。
いざという時にスマートに答えられるよう、くり返してみて下さい。

❶ 電話を借りる

May I use your phone?
電話をお借りしてもよろしいですか。

Sure, go ahead.
いいですよ、どうぞ。

▶▶▶きちんと伝わる**POINT!**
「(備え付けの) 電話を借りる」は、borrow a phone とは言わないので注意しましょう。もちろん、携帯電話を人から借りるという場合には、borrow を使えないことはありませんが…。

❷ ～さんをお願いします

Hi, may I speak to Mr. Carter?
もしもし、カーターさんをお願いできますか。

Speaking. Who's calling, please?
私ですが。どちら様ですか。

▶▶▶きちんと伝わる**POINT!**
speak to は、speak with でもかまいません。**Who's calling, please?**（どちら様ですか）= **Who's this, please?** もっとていねいに言うと、**May I ask who's calling please?** となります。

電話のやりとりは日本語の場合と同じでパターンが
決まっています。ここで紹介する決まり文句と
フレーズをしっかりと覚えてしまいましょう。

❸ ～さんはいますか?

Hello, is Kathy in?
もしもし、キャシーさんはいますか。

This is she.
私ですが。

▶▶▶きちんと伝わる**POINT!**

Is Kathy in? の代わりに、**Is Kathy there?** と言っても OK です。This
isの直後は、自分が女性なら she を、男性なら he を用います。つまり、
This is she [he]. のように返答するわけです。

❹ 少々お待ちください

I'd like to speak to Mr. Anderson, please.
アンダーソンさんとお話ししたいのですが。

Hold on a moment, please.
少々お待ちください。

▶▶▶きちんと伝わる**POINT!**

Holdの代わりに、Hangを用いることもできます。「少々お待ちください」は、
Just a moment, please. や **One moment, please.** や **Hold the line,
please.** とも言います。

⑤ 折り返し電話の決まり文句

I'm returning a call from Ms. Baker.
ベーカーさんに折り返しの電話をしているのですが。

I'm sorry, but she's not at her desk right now.
申し訳ございませんが、彼女はただ今席をはずしています。

▶▶▶きちんと伝わる**POINT!**
return a call from ～は「～に折り返し電話をする」の意味。She's not at her desk. は「彼女は席をはずしています」（= She's away from her desk.）の意味です。

⑥ 間違い電話ですよ

I'm afraid you've got the wrong number.
間違い電話ですよ。

Oh, I'm sorry.
あっ、失礼しました。

▶▶▶きちんと伝わる**POINT!**
「間違い電話ですよ」は、**You must have the wrong number.** や **You must have dialed the wrong number.** とも言います。「何番におかけですか」は、**What number are you calling?** と言います。

❼ 伝言を受ける

Would you like to leave a message?
伝言を承りましょうか。

No, thank you. I'll call back later.
いいえ、けっこうです。また後で電話しますので。

▶▶▶きちんと伝わる**POINT!**
「伝言を承りましょうか」は、**May I take a message?** や **Shall I take a message?** でも OK。「伝言をお願いできますか」は、**May I leave a message?** や **Would you take a message?** と言います。

❽ 折り返し電話をさせましょうか?

Shall I have her call you back?
彼女に折り返し電話させましょうか。

No, that's fine. I'll call her again later.
いいえ、けっこうです。また後でかけ直しますので。

▶▶▶きちんと伝わる**POINT!**
Shall I have her call you back? の have は使役の意味です。**Shall I have her return your call?** や **Should she call you back?** や **Do you want her to return your call?** と言うこともできます。

❾ 内線～番をお願いします

Extension 4120, please.
内線4120をお願いします。

Just a moment, please.
I'll put you through now.
少々お待ちください。今おつなぎします。

▶▶▶きちんと伝わる**POINT!**
「内線 4120 をお願いします」は、May I have extension 4120? や**Could you give me extension 4120, please?** とも言います。I'll put you through. = **I'll transfer your call.** = **I'll connect you.**

❿ 誰か電話に出てくれる？

Can someone answer the phone, please?
誰か電話に出てくれるかい？

I'll get it.
私が出ます。

▶▶▶きちんと伝わる**POINT!**
「誰か電話に出てくれる？」は、Can someone answer [get] the phone? です。Someone answer [get] the phone.は、少し命令口調の表現です。「私が出ます」は I'll get [answer] it. です。

超定番フレーズ

1 May I have your phone number?

(電話番号をお伺いしてもよろしいですか)

2 He is on another line now.

(彼はただ今別の電話に出ています)

3 She's out to lunch now.

(彼女はただ今昼食に出ています)

4 When will she be back?

(彼女はいつお戻りになりますか)

5 The line is busy.

(話し中です)

Scene 25　ビジネス I （取引先との会話）　74

① 受付にて

Hi. I'm Roger Harris.
I have an appointment with Ms.Hill at 2:30.

こんにちは。ロジャー・ハリスと申します。ヒルさんと2時30分に会うお約束をしているのですが。

Yes, Mr. Harris. Ms. Hill is expecting you.
This way, please.

はい、ハリス様。ヒルがお待ちしております。こちらへどうぞ。

▶▶▶ きちんと伝わるPOINT!

have an appointment with ～は「～と会う約束がある」の意味。〈be expecting ＋人・事〉は「～が来るのを（期待して）待つ」の意味。She is expecting.（彼女は妊娠している）とは大違いですよ。

② 本題を切り出す

Well, shall we get down to business?

さて、仕事の話に入りましょうか。

I don't see why not. We have so many
things to talk about today, don't we?

もちろんですとも。今日は話し合うことが山ほどありますからね。

▶▶▶ きちんと伝わるPOINT!

get down to business は「仕事の話に入る」や「（会議において）本題に入る」の意味です。I don't see why not. は「もちろんそうしましょう」の意味の決まり文句です。

ネイティブが実際のビジネスシーンで使う表現は、
驚くほどシンプルなものばかりです。ここでは
社外での会話を学びましょう。

❸ 見積りの期限を尋ねる

How soon would you like me to **give you the estimate?**

いつまでに見積りを出せばよろしいでしょうか。

How about by Thursday?

木曜日まではどうですか。

▶▶▶きちんと伝わる**POINT!**

〈would like me to do〉（私に～して欲しい）は、使用頻度の高い英文パターンです。例：**What would you like me to do?（私に何をして欲しいのですか）**。estimate は「見積り（書）」の意味です。

❹ 返答の期限を設定する

I'd appreciate it very much if you'd **give me your answer by tomorrow.**

明日までにご回答をいただけるとありがたいのですが。

Well, I'll do what I can.

そうですねえ、なんとか頑張ってみます。

▶▶▶きちんと伝わる**POINT!**

I would appreciate it if you would [could] ～（～していただければ幸いです）はていねいな依頼表現です。I'll do what I can. は「できることはやってみます、前向きに善処します」の意味です。

⑤ 飛ぶように売れています

How is your new product selling?

新商品の売れ行きはいかがですか。

Fortunately, it's selling like hot cakes.

おかげさまで、飛ぶように売れています。

▶▶▶きちんと伝わるPOINT!
fortunately は直訳すると「幸運なことに」ですが、いわゆる「おかげさまで」の意味もあります。sell like hot cakes は「飛ぶように売れる、どんどん売れる」の意味です。

⑥ 会社を設立したのはいつですか？

Mr. Taylor, when did you found your company?

テイラーさん、あなたはいつご自分の会社を設立なさったのですか。

It was back in 1993, when I was 28, about your age.

1993年のことです。あなたくらいの年頃でしたよ、私が28歳の時です。

▶▶▶きちんと伝わるPOINT!
found は「設立する、創立する」の意味。活用は found-founded-founded です。find「見つける」（活用は find-found-found）と混同しないように注意しましょう。

⑦ それは企業秘密です

How exactly are you practicing quality control?

御社では具体的に品質管理をどのように行っているのですか。

Hmm, that's a good question.
But it's a corporate secret, you know.

うーん、それはいい質問ですね。でも、それは企業秘密ですからねえ。

▶▶▶きちんと伝わるPOINT!

quality control（略して QC）は「品質管理」のことです。That's a good question. は「即答に困るような良い質問ですね、するどい質問ですね」の意味です。corporate secret は「企業秘密」の意味です。

⑧ できれば〜したいと思います

Hopefully, I can work out the details by next week.

できれば、来週までにこちらで詳細を詰めておきたいと思います。

Yes, please do.
I look forward to meeting with you then.

はい、お願いします。ではその時にお目にかかれることを楽しみにしております。

▶▶▶きちんと伝わるPOINT!

hopefully は「できれば、うまくいけば」。work out the details は「詳細を詰める」。look forward to 〜は「〜を楽しみに待つ」の意味です。to は前置詞なので後ろには名詞または動名詞が続きます。

ビジネスⅠ（取引先との会話） 76

⑨ 質問があればいつでもお電話ください

**If you have any more questions,
please feel free to call me anytime.**

ほかに何かご質問がございましたら、いつでもご遠慮なくお電話ください。

Thank you. I will.

ありがとうございます。そういたします。

▶▶▶きちんと伝わるPOINT!

〈feel free + to 不定詞〉は「遠慮なく〜する、自由に〜する」の意味を表します。please feel free to call me anytime の代わりに、**please don't hesitate to call me anytime** と言うことも可能です。

⑩ 現時点までの報告をする

As of today, our order has yet to arrive.

今日現在、注文の品物はまだ届いていません。

Really? I'll check our shipping documents immediately.

本当ですか。すぐにこちらの出荷記録を確認してみます。

▶▶▶きちんと伝わるPOINT!

as of 〜は「〜現在で」の意味です。例：as of October 20（10月 20日現在）。have yet to do は「まだ〜していない」の意味です。shipping documents は「出荷記録、出荷書類」のことです。

超定番フレーズ

1 **When would it be convenient for you?**

　　　　　　　　　　　　　（いつご都合がよろしいですか）

2 **Let me sleep on it.**

　　　　　（一晩考えさせてください／じっくり考えさせてください）

3 **I'll get back to you as soon as possible.**

　　　　　　　　　　　（できるだけ早くご連絡させていただきます）

4 **Could you be more specific?**

　　　　　　　　　　　（もっと具体的に話していただけますか）

5 **Thank you very much for your time today.**

　　　　（本日はお時間を割いていただき、ありがとうございました）

❶ 今日は残業ですか？

Are you working overtime today?
今日は残業ですか。

No choice. The monthly report needs to be completed by tomorrow.
仕方ないんだ。月次報告書を明日までに仕上げないといけないから。

▶▶▶きちんと伝わるPOINT!
work overtime（残業する、超過勤務をする）の overtime（時間外で）は副詞です。work full-time や work part-time も同じ用法です。No choice. は「仕方がない、他に選択肢がない」の意味です。

❷ 今日は何の打ち合わせですか？

What are you going to discuss with your client today?
今日はクライアントと何を話し合う予定なの？

Our design concepts.
うちの会社の設計コンセプトだよ。

▶▶▶きちんと伝わるPOINT!
discuss は他動詞で「～について議論・討論する」の意味を表します。discuss about ～とはならないので注意しましょう。design concept は「設計コンセプト、設計概念」の意味です。

仕事で使う英語には聞きなれない単語・熟語が
多いかもしれませんが、ここで紹介する表現は、
TOEICのPart2対策にもなりますよ。

❸ コピー機の調子が悪い

Uh-oh! Is this copier on the blink?

おやおや。このコピー機、調子悪いの？

Seems like the ink cartridge needs replacing.

インクカートリッジを交換しないといけないみたいね。

▶▶▶ きちんと伝わる**POINT!**

間投詞の uh-oh は「おやおや、おっと、ゲッ」の意味です。「コピー機」は
copier の他、copy machine や copying machine とも言います。on the
blink は「調子が悪くて、故障して」の意味です。

❹ 提案した企画が却下された

I wonder what made Roy feel down?

ロイはどうして落ち込んでいるのかしら。

His recent proposal was flatly rejected.

彼が最近出した企画がにべもなく却下されたからなんだ。

▶▶▶ きちんと伝わる**POINT!**

what made Roy feel downのmakeは使役動詞で「〜させる」の意味です。
「何がロイを落ち込ませたのか」→「どうしてロイは落ち込んでいるのか」
と考えましょう。reject は「却下する」の意味です。

第**5**章 ビジネス・学校生活

⑤ 大学を出たばかりの新人です

Is the new fellow in Marketing experienced in the field?

マーケティング部に新しく入ってきた人はその分野で経験豊富なの？

**Just the opposite.
He's fresh out of college.**

まったくその逆よ。彼は大学を出たての新入社員よ。

▶▶▶きちんと伝わるPOINT!

fellow は「仲間、同僚」、field は「分野」（= area）の意味。just the opposite は「まったくの逆」（= quite the opposite）、fresh out of ～は「～から出たばかりで」（= fresh from ～）の意味です。

⑥ 貢献度を考えれば当然のこと

I heard that Mr. Moore got a large bonus last week.

ムーアさんは先週多額のボーナスをもらったらしいよ。

Considering his contributions, he deserves it.

彼の貢献度を考えると、もらって当然よ。

▶▶▶きちんと伝わるPOINT!

この場合の considering は前置詞として用いられており、「～を考慮すれば」の意味です。contribution は「貢献、寄与」、deserve は「（～を）受けるに値する」の意味です。

❼ なんであんなに機嫌が悪いの？

How come the boss is in such a bad mood today?

どうして今日ボスはあんなに機嫌が悪いわけ？

This is normal. You'd better get used to it.

いつも通りだよ。慣れるしかないさ。

▶▶▶きちんと伝わるPOINT!

How come ～は、Why ～と同じく「なぜ、どうして」の意味ですが、語順は Why の場合とは違って、〈How come ＋ S（主語）＋ V（動詞）〉となります。get used to ～は「～に慣れる」の意味。

❽ 服装規定

What do you think of the new dress policy?

新しい服装規定についてどう思う？

**Simply put, it's ridiculous!
It goes against the times.**

一言で言って、ばかげてるね。時代に逆行しているよ。

▶▶▶きちんと伝わるPOINT!

What do you think of ～ ? は、How do you feel about ～ ? と同じで「～をどう思いますか」の意味。How do you think of [about] ～ ? とは言いません。dress policy は「服装規定」の意味です。

ビジネスⅡ（職場での会話）

⑨ 解雇された

Fred finally got fired last week, didn't he?

フレッドは、とうとう先週クビになったわね。

He asked for it. Constant tardiness. Pathetic.

自業自得だね。遅刻の常習犯だったから。情けないよ。

▶▶▶きちんと伝わるPOINT!

get fired は「首になる、解雇される」の意味。ask for it は「自業自得である、自ら災いを招く」の意味で、**ask for trouble** と言うこともあります。pathetic [pəθétik] は「哀れな、痛ましい」の意味です。

⑩ 明日の朝、〜へ出発（出張）

Business trip again?

また出張なの？

Yeah, I leave for Chicago tomorrow morning.

うん、明日の朝シカゴへ出発するんだ。

▶▶▶きちんと伝わるPOINT!

business trip は「出張」、leave for 〜は「〜へ向かって出発する」の意味です。I leave for Chicago tomorrow morning. の代わりに、**I'm off to Chicago tomorrow morning.** と言うこともできます。

超定番フレーズ

1 He often comes to work late.

（彼はよく仕事に遅刻します）

2 I'm afraid I can't make it to the meeting.

（残念ですが、会議に出席することはできません）

3 The meeting has been rescheduled for Friday.

（会議は金曜日に変更となりました）

4 Let's move on to the next item on the agenda.

（次の議題に進みましょう）

5 Can you manage to meet the deadline?

（どうにか締め切りに間に合いますか）

① 両親はお元気ですか？

Bill, how are your folks?
ビル、ご両親はお元気？

They're doing well. Thanks.
元気でやってるよ。ありがとう。

▶▶▶きちんと伝わる**POINT!**

How are your folks (doing)? は「あなたの両親はいかがですか」の意味です。両親だけでなく、相手の家族全員について聞く場合には、**How's your family (doing)?** と言います。

② ちょっとお願いしてもいい？

Bruce, will you do me a favor?
ブルース、ちょっとお願いしてもいい？

Definitely. What is it?
もちろん。何なの？

▶▶▶きちんと伝わる**POINT!**

Will you do me a favor? は「ちょっとお願いしてもいい？」の意味。What is it? の代わりに、**What's up?**（どうしたの？）や **What can I do for you?** や **If it's something I can do.** などの返答も OK です。

英会話を身につける一番手っ取り早い方法の1つは、ネイティブの友人を作ることでしょう。でも、その前に会話の練習を一通りしておきましょう。

③ ピーナッツ食べる?

How about some peanuts, Judy?

少しピーナッツでもどう、ジュディー?

Thanks, but I can't. I'm allergic to peanuts.

ありがとう、でも無理なの。私、ピーナッツアレルギーだから。

▶▶▶ きちんと伝わる**POINT!**

How about some peanuts? の 代 わ り に、**Would you like some peanuts?**や **Want some peanuts?** と言っても OK です。be allergic to ～は「～に対してアレルギーがある」の意味です。

④ 似合ってるよ!

Terrific! You bought a new suit?
Looks good on you.

すごい!新しいスーツを買ったの? 似合ってるわよ。

Thanks. It's nice of you to say that.

ありがとう。そう言ってもらえてうれしいよ。

▶▶▶ きちんと伝わる**POINT!**

terrific は「すごい、素晴らしい」の意味。terrible(ひどい、恐ろしい)と間違えないように注意しましょう。It's nice of you to ～の of は大丈夫ですね。for ではダメですよ。

❺ 見違えたよ！

Oh, boy! You look so different.
When did you get your hair cut?

うわ〜っ。かなり違って見えるわね。いつ髪を切ったの？

Only yesterday.
I wanted to change my image.

つい昨日だよ。イメージチェンジをしたかったんだ。

▶▶▶きちんと伝わるPOINT!

get your hair cut の get は使役動詞で、〈get ＋目的語＋過去分詞〉の形になります。When did you cut your hair? だと「あなたはいつ自分で自分の髪を切ったの？」となるので注意しましょう。

❻ うまくいくように願っているよ

I'm going for a job interview
the day after tomorrow.

あさって就職の面接試験があるんだ。

Are you? Good luck.
I'll keep my fingers crossed for you.

そうなの？ 頑張ってね。うまくいくように祈ってるわ。

▶▶▶きちんと伝わるPOINT!

Good luck. だけでも十分ですが、I'll keep my fingers crossed for you.（うまくいくように祈ってます）を付け加えるともっと親切です。まじめに相手の祝福を神に祈る場合は、**I'll pray for you.** と言います。

⑦ 新しい仕事はどう？

How do you like your new job, Mark?
マーク、新しい仕事はどう？

It's tough but well worth it.
難しいけど、とてもやりがいがあるよ。

▶▶▶きちんと伝わるPOINT!
もっと簡単に **How's your new job?** と言っても OK です。tough は「難しい、きつい」の意味。well worth it は「やるだけの価値が十分ある」の意味です。一語で言うと challenging に近いでしょう。

⑧ 夏休みはどこで過ごすの？

Where do you plan to spend your summer vacation?
夏休みはどこで過ごす予定なの？

We will stay at our cabin on Fox Lake for about a month.
フォックス湖にあるキャビンに1カ月ほど滞在するつもりよ。

▶▶▶きちんと伝わるPOINT!
「夏休みの計画は立てましたか」であれば、**Do you have any plans for summer vacation?** と言えば OK です。

⑨ うわさをすれば…

I wonder where Bob is.
ボブはどこにいるのかしら。

Well, speak of the devil, here he comes now!
ほら、うわさをすれば何とやらだ。彼のお出ましだよ。

▶▶▶きちんと伝わる**POINT!**
Speak [Talk] of the devil. は「うわさをすれば影」と言う意味のことわざ
です。Well, speak of the devil, here he comes now! は **Well, speak of the devil, look who's here!** と言うこともできます。

⑩ どうしてそう思うの？

Now is a good time to hit the road.
さあ、もう出発の時間ね。

Already? What makes you think so?
もう？ どうしてそう思うわけ？

▶▶▶きちんと伝わる**POINT!**
hit the road は「出かける、出発する」の意味です。What makes you think so? の make は使役動詞でしたね。**What makes you say so?（な んでそんなこと言うの？）** も一緒に覚えておきましょう。

超定番フレーズ

1 **Could you forgive me?**

（許してもらえるかい？）

2 **Sorry to have kept you waiting.**

（待たせてごめんね）

3 **You got a minute?**
[Have you got a minute? /Got a minute?]

（ちょっと時間ある？）

4 **Can I get your advice?**

（アドバイスが欲しいんだけど）

5 **I'm sorry I'm late.**

（遅くなってごめんね）

① 今学期の成績は？

How was your GPA this semester?
今学期のGPAどうだった？

It was a bit lower than last semester. It dropped to 3.65.
先学期よりも少し下がってさあ。3.65に落ちてしまったよ。

▶▶▶きちんと伝わる**POINT!**
GPA（= grade point average）とは「成績評定平均」のこと。各科目の評定を5段階（A=4、B=3、C=2、D=1、F=0）に置き換えて算出します。GPAの最高は4.0です。semesterは「学期」の意味です。

② ～大学に合格したよ！

Ralph has just been accepted into Stanford Medical School.
ラルフがスタンフォード大学の医学部に受かったよ。

No kidding! What do you know! Good for him.
うそでしょ！ びっくりだわ！ よかったわね。

▶▶▶きちんと伝わる**POINT!**
No kidding!（まさか冗談でしょ！）= You've got to be kidding! = You must be kidding! What do you know!（それは驚いた）と What do you know?（何も知らないくせに）の違いには要注意です！

ビジネスに独特の表現があるように、
学校生活にも特有の単語や表現がありますから、
ここでしっかりマスターしておきましょう。

❸ がんばって！

I can't put up with this reading load anymore.

この読書課題の量にはこれ以上耐えられないよ。

Hang in there, Victor. You can do it.

がんばってよ、ヴィクター。あなたならできるわ。

▶▶▶きちんと伝わる**POINT!**

put up with ～は「～に耐える」。〈not ～ anymore〉は「もはや～しない、これ以上～しない」の意味を表します。Hang in there. は「（くじけずに）がんばれ」の意味の決まり文句です。

❹ くよくよと悩まないで

I got so nervous that I made a lot of mistakes in my presentation. I'm hopeless.

すごく緊張してしまって、プレゼンではミスだらけ。私って本当にダメだわ。

**Don't dwell on it.
That's how everybody begins.**

そんなこと悩まなくていいよ。誰だって最初はそんなもんさ。

▶▶▶きちんと伝わる**POINT!**

I got so nervous that I made ... は、〈so ＋形容詞／副詞＋ that ...〉（非常に～なので…）の構文です。hopeless は「どうしようもない、絶望的な」、dwell on ～は「～をくよくよ考える」の意味です。

⑤ レポートの締め切りはいつ？

**You seem to be working really hard.
When is your paper due?**

すごくがんばっているみたいね。レポートの締め切りはいつなの？

**Next Monday. I've only finished half.
That's no good.**

来週の月曜日なんだ。まだ半分終わったばっかり。やばいよ。

▶▶▶きちんと伝わる**POINT!**

When is your paper due? の代わりに、**When is the deadline for
your paper?** と言うことも可能です。That's no good. は「それはまずい、
それはやばい」の意味の決まり文句です。

⑥ 一日中予定でいっぱい

**Shall we go to the orientation about
scholarships tomorrow?**

明日、奨学金に関するオリエンテーションに行かない？

Tomorrow? I'm booked solid all day long.

明日？ 一日中、予定が詰まっているよ。

▶▶▶きちんと伝わる**POINT!**

orientation は「説明会」、scholarship は「奨学金」の意味。be booked
solid は「予定がぎっちりと詰まっている」の意味です。all day (long)は「一
日中、終日」の意味で、long は省略可能です。

❼ 先生に相談を持ちかける

Excuse me, Dr. Johnson.
I'd like to talk to you.

すみません、ジョンソン先生。お話ししたいのですが。

Please come during my office hours.

私のオフィスアワーに来てください。

▶▶▶きちんと伝わる**POINT!**

アメリカの大学では、「ジョンソン先生」と呼ぶ場合、Dr. Johnson や
Professor Johnson のいずれかを用います。教員に相談したい時には、通
常「オフィスアワー」に教員の研究室を訪問します。

❽ カンニング

Craig, did you notice some guys were
cheating during the exam today?

クレイグ、今日の試験中に数人がカンニングしていたのに気づいた？

For real? Absolutely disgusting!
I studied all night for it.

マジで？ 本当にムカつくなあ。オレなんか徹夜で勉強したのに。

▶▶▶きちんと伝わる**POINT!**

cheat は「カンニングをする、ごまかす」の意味の動詞です。「カンニン
グ」は cunning（ずるい）行為ですが、英語では cheating と言います。
disgusting [disgʌstiŋ] は「ムカつく、最低な」の意味です。

⑨ 大学を編入した

Michael, where does your brother go to college?

マイケル、お兄さんはどこの大学に行ってるの？

He's just transferred from UNC to Duke.

彼はノースカロライナ大学からデューク大学へ編入したばかりなんだ。

▶▶▶ きちんと伝わるPOINT!

Where does your brother go to college? の代わりに、**Which college does your brother go to?** と言うことも可能です。transfer from A to Bは「A から B に移る」の意味です。

⑩ 卒業後はどうするの？

What are you going to do after graduating, James?

卒業後はどうするの、ジェイムズ？

I plan to travel around Europe for one year, and then look for a job.

1年かけてヨーロッパを旅行して、それから仕事を見つける予定さ。

▶▶▶ きちんと伝わるPOINT!

travel around ～は「～をあちこち旅して回る」の意味です。日本の大学生は 3 月に卒業後、4 月から一斉に働き始めますが、アメリカの大学生は人それぞれで、けっこうのんびりしています。

超定番フレーズ

1 What year are you in?

（何年生ですか）

2 Have you paid your tuition yet?

（もう授業料は払いましたか）

3 Have you registered for new courses?

（新しいクラスの登録はしましたか）

4 How many credits are you taking this semester?

（今学期は何単位を履修していますか）

5 What's your major?

（あなたの専攻は何ですか）

Scene 29 パーティー

① パーティーに招待したいんだけど…

I was wondering if you'd like to come to our Thanksgiving party.

我が家の感謝祭パーティーに招待したいんだけど、どうかなあと思って。

**Really? I'll be happy to.
How kind of you to ask.**

本当?　喜んでうかがうよ。誘ってくれてありがとう。

▶▶▶きちんと伝わるPOINT!

Thanksgiving party は Thanksgiving Day を祝うパーティーです。感謝祭はアメリカの法定休日で、11 月の第 4 木曜日です。ピルグリム・ファーザーズが最初の収穫を神に感謝したことに由来します。

② 持ち寄りパーティー

What kind of party will it be?

それってどんなパーティーなの?

It'll be a potluck party.

持ち寄りパーティーよ。

▶▶▶きちんと伝わるPOINT!

potluck party とは、料理を持ち寄って行うパーティーのこと。料理に自信のない人は、食料品店で食べ物を買ったり、あるいは料理の代わりにデザートや飲み物を持って行くこともできます。

> パーティーで人脈が広がり、そこから新たな友人関係やビジネスチャンスが生まれることもよくあります。機会があれば積極的に参加しましょう。

❸ またの機会にするよ

We are throwing a TGIF party this Friday. Care to join us?

この金曜日にTGIFパーティーを開くんだ。一緒に来る？

I'd love to, but I'll have to take a rain check. I already have other plans.

そうしたいんだけど、(都合が悪いから)またの機会にお願いするわ。すでに他の予定があるのよ。

▶▶▶きちんと伝わるPOINT!

TGIF (Thank God It's Friday) party とは「花金パーティー」のこと。I'd love to, but 〜 = I wish I could, but 〜 = I would if I could, but 〜。take a rain check は「またの機会にする」の意味です。

❹ 手ぶらで来てね

What should I bring? Something to drink? Dessert?

何を持って行けばいい？ 飲み物とか？ デザートとか？

Oh, don't worry. Just bring yourself.

まあ、心配しないで。手ぶらで来てよ。

▶▶▶きちんと伝わるPOINT!

What should I bring? の代わりに、**What do you want [need] me to bring?** と言うこともできます。Just bring yourself. は「手ぶらで来てください」の意味です。

Scene 29 パーティー

❺ サプライズ・パーティー

Don't tell Diane about the party. It's a secret.

パーティーのことはダイアンに言ってはいけないよ。秘密だから。

You mean, it's a surprise party for her?

つまり、これは彼女のためのサプライズ・パーティーってこと?

▶▶▶きちんと伝わるPOINT!
ここでの surprise party は「不意打ちの誕生パーティー」のことです。誕生パーティーはもとより、アメリカにはいろんな種類の surprise party があります。

❻ 何を着て行けばいいかな?

It'll be a rather formal party. What am I supposed to wear?

それってけっこうフォーマルなパーティーなんだ。何を着て行くべきかな?

Something on the fancy side.

おしゃれなものでいいじゃない。

▶▶▶きちんと伝わるPOINT!
be supposed to do は「~することになっている、~しなければならない」の意味です。on the fancy side は「お洒落な感じの」の意味で、直前の something を修飾しています。

⑦ 乾杯の音頭をお願いします

Jeff, will you propose a toast, please?
ジェフ、乾杯の音頭を取ってもらえるかしら?

You bet. I'll be glad to.
もちろん。喜んで。

▶▶▶きちんと伝わるPOINT!
propose a toast は「乾杯の音頭を取る」の意味です。**give a toast** や **make a toast** とも言います。ここの You bet. は同意を表し、「いいよ、もちろんだよ」の意味です。

⑧ お招き、ありがとうございました

Thank you for inviting us last night. We had a great time.
昨晩はお招きいただき、ありがとうございました。本当に楽しかったです。

You're entirely welcome.
お礼なんてまったく無用ですよ。

▶▶▶きちんと伝わるPOINT!
Thank you for inviting us. は「お招きいただきましてありがとうございました」の意味です。代わりに、**Thank you for having us over.** と言うこともできます。

⑨ パーティー、最高だったよ！

How was the party last Friday?

先週金曜日のパーティーどうだった？

It was awesome. I had a ball.
You should have come.

最高だったよ。とても楽しかったよ。君も来ればよかったのに。

▶▶▶ きちんと伝わるPOINT!

awesome [ɔ:səm] は「最高の、素晴らしい」の意味です。awful [ɔ:fəl] (恐ろしい、ひどい) と間違えないように注意しましょう。have a ball は「楽しむ」の意味です。

⑩ また来てくださいね

Thank you very much for inviting us to your
housewarming party last week. We had a lot of fun.

先週の新築祝いパーティーにお招きいただき、本当にありがとうございました。
すごく楽しかったです。

Our pleasure.
Do come see us again sometime.

どういたしまして。ぜひ、またいつか遊びに来てくださいよ。

▶▶▶ きちんと伝わるPOINT!

housewarming party は「新築祝いパーティー」のこと。Our [My] pleasure. は「どういたしまして」の意味の決まり文句です。Do come see us の Do は助動詞で、主動詞（come）を強調しています。

超定番フレーズ

1 **I'm sorry, I have another appointment.**

（あいにく先約が入っています）

2 **Please make yourself at home.**

（どうぞごゆっくりおくつろぎください）

3 **Please help yourself to anything on the table.**

（テーブルの上にあるものは何でも自由に召し上がってください）

4 **Come on in.**

（さあ、中に入ってください）

5 **I really enjoyed your company.**

（ご一緒できて本当に楽しかったです）

❶ 日本のどこの出身ですか？

What part of Japan are you from?

日本のどちらのご出身ですか。

I'm from Miyazaki, Kyushu.
Do you know where that is?

九州の宮崎県です。どこにあるかわかりますか。

▶▶▶ きちんと伝わる**POINT!**

What [Which] part of Japan are you from? の代わりに、Where in Japan are you from? とも言えます。日本地理に詳しくない外国人は多いので、地図で位置を教えてあげると親切でいいですね。

❷ 日本の総人口は？

What's the total population of Japan?

日本の総人口はいくらですか。

It's about 128 million.
That is roughly 40% of that of the U.S.

約1億2800万人です。それはアメリカの人口のだいたい40%に相当します。

▶▶▶ きちんと伝わる**POINT!**

roughly は about と同じで「だいたい、概略で」の意味です。日本の現在の総人口は約 1 億 2800 万人です。アメリカの総人口は 3 億を突破しましたので、その約 40％と説明すればわかりやすいですね。

私たちは案外日本についてきちんと
知らないのではないでしょうか？　これを機にぜひ
自分たちの国について知っておきましょう。

❸ 日本の総面積は？

What's the total area of Japan?
日本の総面積はどれくらいですか。

It's about 93.4 million acres.
約9340万エーカーです。

▶▶▶きちんと伝わるPOINT!

The total area of Japan is almost the same as that of State of
Montana.（日本の総面積はモンタナ州とほぼ同じです）と言うともっとわ
かりやすいかもしれません。1 エーカー＝約 4000㎡。

❹ 商業と工業の都市です

What kind of city is Osaka?
大阪はどのような市ですか。

It's a big commercial and industrial city.
It's the third largest city in Japan.
巨大な商工都市です。日本で3番目に大きな市です。

▶▶▶きちんと伝わるPOINT!

commercial は「商業の」、industrial は「工業の、産業の」の意味。大阪は東京、
横浜に次いで人口第 3 位の都市です。アメリカの 3 大都市は、New York,
Los Angeles, Chicago の順になります。

Scene 30 日本紹介

⑤ 名所旧跡があります

Why do many foreign tourists visit Kyoto and Nara?

どうして多くの外国人観光客は京都や奈良を訪れるのですか。

Because there are many places of historic interest there.

そこには多くの名所旧跡があるからです。

▶▶▶きちんと伝わるPOINT!

foreign tourists（外国人観光客）の代わりに、**foreign visitors** と言うことも可能です。places of historic interest（名所旧跡）は、もっと簡単に **historic sites** や **historic spots** と言っても OK です。

⑥ 富士山の高さは？

How high is Mt. Fuji?

富士山の高さはどれくらいですか。

It's 12,388 feet high.
It's the highest mountain in Japan.

12,388フィートです。日本で最も高い山です。

▶▶▶きちんと伝わるPOINT!

富士山の高さは 3,776 メートルですから、It's 3,776 meters. と答えてもよいのですが、フィートでもすぐに言えるようにしておきましょう。1 foot（feet は複数形）＝約 30cm と覚えておきましょう。

❼ 日本酒を英語で説明

Do the Japanese drink a lot of beer?

日本人はビールをよく飲みますか。

Well, some do. I don't. They also drink a Japanese rice wine called "sake".

まあ、よく飲む人はいますよ。私はそうではありませんが。
日本人は「酒」と呼ばれる日本酒も飲みます。

▶▶▶ きちんと伝わるPOINT!

beer [bíər] の発音に注意しましょう。Japanese rice wine は「日本酒」のことです。なお、「みりん」のことは、Japanese sweet cooking rice wine と言えば通じますよ。

❽ うどんとそばの違い

What's the difference between Udon and Soba? They are both noodles, right?

うどんとそばの違いは何ですか。どちらも麺類ですよね。

Right, but Udon is made from wheat flour and Soba from buckwheat flour.

ええ、ただうどんは小麦粉で作られていますが、そばはそば粉で作られているんです。

▶▶▶ きちんと伝わるPOINT!

What's the difference between A and B? (A と B の違いは何ですか)は重要。wheat flour は「小麦粉」、buckwheat flour は「そば粉」です。Soba と from の間には is made が省略されています。

Scene 30　日本紹介

⑨ 日本人はあまり転職をしない?

Is it true that people in Japan don't change jobs often?

日本人はあまり転職をしないというのは本当ですか。

It used to be like that, but things are changing now.

かつてはそんな感じでしたが、今では事情が変わってきています。

▶▶▶きちんと伝わるPOINT!

ことわざの **A rolling stone gathers no moss.（転石苔むさず）** を引き合いに出して、日本では「職業を転々と変える人は何も身につかず大成しない」と考えることを外国人に伝えてみると面白いですよ。

⑩ キリスト教の伝来はいつ?

When was Christianity introduced to Japan?

キリスト教は日本にいつ伝わったのですか。

It is said that it was in the 16th century.

16世紀に伝わったと言われています。

▶▶▶きちんと伝わるPOINT!

1549 年にフランシスコ・ザビエル（Francis Xavier）が鹿児島に上陸し、日本に初めてキリスト教を伝えた、と中学生の時に習いましたよね。

超定番フレーズ

1 Tokyo is the capital of Japan.

（東京は日本の首都です）

2 Mt. Fuji is an active volcano.

（富士山は活火山です）

3 Shall we go out to karaoke tonight?

（今晩カラオケに行きましょうか）

4 What [Which] Japanese food do you like the best?

（どの日本料理が一番お好きですか）

5 There are over 3,000 hot springs in Japan.

（日本には 3,000 以上の温泉があります）

INDEX

INDEX

INDEX

INDEX

INDEX

さ

し

INDEX

INDEX

INDEX

INDEX

INDEX

INDEX

INDEX

●著者紹介

宮野智靖 *Tomoyasu Miyano*
広島県出身。ペンシルベニア州立大学大学院スピーチ・コミュニケーション学科修士課程修了（M.A.）。現在、関西外国語大学短期大学部教授。 主要著書：『こなれた英語を話すテクニック』(DHC)、『みんなの英文法マン』『この84パターンで世界中どこでも通じる英会話』(以上、Jリサーチ出版)、『スコアが上がるTOEIC® L&Rテスト本番模試600問』(旺文社)、『TOEFL ITP® TESTリスニング完全攻略』『TOEIC® L&Rテスト究極単語ADVANCED 2700』(以上、語研)。 主要取得資格：TOEIC990点、英検1級、通訳案内業国家資格。

ジョセフ・ルリアス *Joseph Ruelius*
米国ニュージャージー州生まれ。クインピアック大学卒業（英文学専攻）。ニュージャージー大学卒業（英語教育専攻）。英国バーミンガム大学大学院英語教育研究科修士課程修了（M.A.）。現在、関西外国語大学国際言語学部准教授。Podcasting を利用した語学教材の開発に積極的に取り組んでいる。各種英語資格試験にも非常に精通している。
主要著書：『TOEFL®TESTリスニング完全攻略』（語研）『Welcome to USA TODAY』（開文社出版）。

本書へのご意見、ご感想は下記URLまでお寄せください。
https://www.jresearch.co.jp/contact/

カバーデザイン　中村 聡（Nakamura Book Design）
ＤＴＰ　新藤昇
ダウンロード音声制作　一般財団法人 英語教育協議会（ELEC）

新装版ネイティブ厳選　必ず使える英会話 まる覚え

令和2年（2020年）3月10日 初版第1刷発行

著　者	宮野智靖／ジョセフ・ルリアス
発行人	福田富与
発行所	有限会社 Ｊリサーチ出版
	〒166-0002 東京都杉並区高円寺北2-29-14-705
	電話 03（6808）8801㈹
	FAX 03（5364）5310
	編集部 03（6808）8806
	https://www.jresearch.co.jp
印刷所	中央精版印刷株式会社